GERD FINKE

Bedeutung, Aufstellung und Aussage des Konzernabschlusses der Versicherungsaktiengesellschaften

Schriftenreihe des Instituts für Versicherungswissenschaft an der Universität Köln

Begründet von Professor Dr. jur., Dr. phil. W. Rohrbeck †
Fortgeführt von Professor Dr. sc. pol. P. Braeß

Neue Folge Heft 28

Bedeutung, Aufstellung und Aussage des Konzernabschlusses der Versicherungsaktiengesellschaften

Von

Dr. Gerd Finke

DUNCKER & HUMBLOT / BERLIN

Inhaltsverzeichnis

Einleitung 9

A. Die Bedeutung des Konzerns und der Konzernpublizität für die Versicherungswirtschaft 11
  I. Der Begriff des Konzerns 11
  II. Die Konzernbildung in der Versicherungswirtschaft 12
  III. Die Bedeutung der Konzernpublizität der Versicherungsunternehmen 14

B. Die Aufgabe der Konzernpublizität 17
  I. Die Mängel der nicht konsolidierten Rechnungslegung 17
  II. Die Vorzüge der konsolidierten Rechnungslegung 19

C. Die gesetzlichen Grundlagen für die Aufstellung des Konzernabschlusses 22

D. Die Gestaltungsprinzipien des Konzernabschlusses 25
  I. Die formalen Kriterien 25
    1. Die Vereinheitlichung der Kontenpläne 25
    2. Die Vereinheitlichung der Bilanzstichtage und der Veröffentlichungstermine 26
    3. Die Vereinheitlichung der Jahresabschlußschemata 28
  II. Die materiellen Kriterien 29
    1. Der Ausweis der passiven Rückversicherung 29
    2. Die Vereinheitlichung der Bewertung 35
    3. Die Eliminierung der Zwischengewinne 36

E. Die Aufstellung der Konzernbilanz 38
  I. Die Gliederung der Konzernbilanz 38
  II. Die Konsolidierung der Beteiligungen 40
    1. Der Konsolidierungskreis 40
      a) Die Einbeziehung branchenverschiedener Versicherungsunternehmen 40
      b) Die Einbeziehung von Hilfs- und branchenfremden Unternehmen 46
      c) Die Einbeziehung ausländischer Konzernunternehmen .. 47
      d) Die Problematik des Beteiligungsprozentsatzes 48
    2. Die Durchführung der Beteiligungskonsolidierung 49
      a) Die Buchtechnik der Beteiligungskonsolidierung 49
      b) Die Behandlung der Minderheitsanteile 51

III. Die Konsolidierung der größeren versicherungstechnischen Passiva 52

  1. Der Ausweis in den Einzelbilanzen 52

    a) bei Lebensversicherungsunternehmen 52

    α) aktives Rückversicherungsgeschäft 53

    β) passives Rückversicherungsgeschäft 54

    b) bei Schaden- und Unfallversicherungsunternehmen 55

    c) bei Rückversicherungsunternehmen 56

  2. Der Ausweis in der Konzernbilanz 56

IV. Die Konsolidierung der übrigen Rückstellungen 59

V. Die Konsolidierung der Forderungen und Verbindlichkeiten aus Versicherungsverträgen 60

  1. Der Ausweis in den Einzelbilanzen 60

  2. Der Ausweis in der Konzernbilanz 61

VI. Die Konsolidierung der übrigen Bilanzpositionen 63

F. Die Aufstellung der Konzernerfolgsrechnung 65

  I. Die Form der Konzernerfolgsrechnung 65

    1. Die allgemeinen Gestaltungsgrundsätze 65

      a) Konto- und Staffelform 65

      b) Umsatz-, Umsatzsaldo- und Erfolgsprinzip 65

      c) Ungeteilte oder Spartenerfolgsrechnung 66

      d) Direktes und indirektes Geschäft 67

    2. Die Darstellung und Kritik der verkürzten Konzernerfolgsrechnung 68

    3. Die Gliederung der unverkürzten Konzernerfolgsrechnung .. 70

  II. Die Konsolidierung der Prämieneinnahmen und der Rückversicherungsbeiträge 72

  III. Die Konsolidierung der Leistungen für Versicherungsfälle 73

  IV. Die Konsolidierung der Veränderungen der technischen Passiva 74

    1. Prämienüberträge 74

    2. Deckungsrückstellungen 76

    3. Schaden- und übrige Rückstellungen 78

  V. Die Konsolidierung des Ergebnisses der Vermögensverwaltung 79

  VI. Die Konsolidierung der Kosten und Kostenerstattungen 82

  VII. Die Konsolidierung der Aufwendungen für Beitragsrückerstattung 86

  VIII. Die Konsolidierung der übrigen Aufwendungen und Erträge 88

    1. Ertragsposten 88

    2. Aufwandsposten 90

  IX. Die Gewinnkonsolidierung 91

G. Die Aufstellung des Konzerngeschäftsberichts 94

  I. Die Aufgaben des Konzerngeschäftsberichts 94

  II. Der Bericht über Konzernaufbau und Konsolidierungskreis 95

III. Der Lagebericht 96

IV. Der Erläuterungsbericht 97

   1. Die Pflichtangaben gemäß § 334 Abs. 3 AktG 97

   2. Die Angaben zur Konzernbilanz 99

     a) Aktiva 99

      α) Grundstücke, Beteiligungen, Wertpapiere 99

      β) Forderungen 101

      γ) Übrige Aktiva 102

     b) Passiva 103

      α) Eigenkapital, Korrekturposten 103

      β) Technische Passiva 104

      γ) Verbindlichkeiten und übrige Passiva 105

   3. Die Angaben zur Konzernerfolgsrechnung 106

     a) Prämien und Leistungen für Versicherungsfälle 106

     b) Betriebskosten 110

     c) Posten der Vermögensverwaltung 111

     d) Versicherungstechnisches Ergebnis 112

     e) Restergebnis 114

     f) Gewinnverwendung und statistische Angaben 116

H. Die Aussage des Konzernabschlusses 118

  I. Die Ziele und Methoden der Analyse der Konzernpublizität 118

  II. Die Aussage über die Konzernstruktur 120

  III. Die Aussage über den Konzernerfolg 123

   1. Prämieneinnahmen und Rückversicherungspolitik 123

   2. Versicherungsleistungen 126

   3. Betriebskosten 129

   4. Ergebnis der Vermögensverwaltung 131

   5. Ergebnis des Rückversicherungsgeschäftes 134

   6. Versicherungstechnisches und Gesamtergebnis 135

  IV. Die Aussage über die Konzernaktiva und -passiva 139

   1. Bewertungsproblem 139

   2. Aktivposten 141

   3. Passivposten 143

Schlußbetrachtung 146

Anhang 147

Literaturverzeichnis 154

Abkürzungsverzeichnis

A.G.	=	Aktiengesellschaft
AktG	=	Aktiengesetz vom 9. September 1965
EGAktG	=	Einführungsgesetz zum Aktiengesetz
EStG	=	Einkommensteuergesetz
EStR	=	Einkommensteuerrichtlinien
N.F.	=	Neue Folge
REVL	=	Vorschriften für die Rechnungslegung der Lebensversicherungsunternehmen
REVSch	=	Vorschriften für die Rechnungslegung der Schaden- und Unfallversicherungsunternehmen
REVR	=	Vorschriften für die Rechnungslegung der Rückversicherungsunternehmen
Tgb.Nr.	=	Tagebuchnummer
VAG	=	Versicherungsaufsichtsgesetz
VerBAV	=	Veröffentlichungen des Bundesaufsichtsamtes für das Versicherungs- und Bausparwesen
VVG	=	Versicherungsvertragsgesetz
Wpg	=	Die Wirtschaftsprüfung
ZfhF	=	Zeitschrift für handelswissenschaftliche Forschung
Z Vers Wiss	=	Zeitschrift für die gesamte Versicherungswissenschaft

Einleitung

Das Aktiengesetz von 1965 enthält in § 329 für Konzerne aller Wirtschaftszweige die Verpflichtung zur Aufstellung eines konsolidierten Jahresabschlusses und eines Konzerngeschäftsberichtes.

In der Assekuranz mußten daher für das Geschäftsjahr, das nach dem 31. Dezember 1966 beginnt (§ 23 EGAktG), erstmals Konzernabschlüsse und -geschäftsberichte erstellt werden.

Nach § 55 Abs. 2 VAG gelten die allgemeinen Gliederungsvorschriften des Aktiengesetzes nicht für die Rechnungsabschlüsse der Versicherungsaktiengesellschaften. Für die Einzelabschlüsse wurden vom BAV gesonderte Rechnungslegungsvorschriften für die Lebens-, Kranken-, Schaden- und Unfall- und die professionellen Rückversicherer erlassen. In Ermangelung von Vorschriften für die Konzernrechnungslegung der Assekuranz hat der Gesamtverband der Versicherungswirtschaft e.V. nach Abstimmung mit dem Institut der Wirtschaftsprüfer Muster für die Gestaltung der Konzernpublizität ausgearbeitet und im März 1968 veröffentlicht.

Da die Frage der Einbeziehung von Lebensversicherern noch nicht endgültig geklärt ist, sind vom Gesamtverband sowohl Vorschläge unterbreitet worden, die eine Einbeziehung der Lebensversicherer in den Konsolidierungskreis vorsehen, als auch solche, die ihren Einschluß ablehnen.

Die oben genannten Muster für die Konzernpublizität dienten als Ansatzpunkt für die vorliegende Untersuchung.

Deren Aufgabe soll es zunächst sein, die Notwendigkeit eines Konzernabschlusses in der Versicherungswirtschaft zu begründen.

Die Untersuchung wurde auf Versicherungsunternehmen in Form von Aktiengesellschaften beschränkt, da sich die Konzerne der Assekuranz im wesentlichen aus Unternehmen dieser Rechtsform zusammensetzen. Weiterhin wurde ausschließlich auf die Konsolidierungsprobleme bei Lebens-, Schaden- und Unfall- und professionellen Rückversicherern eingegangen, da eine Einbeziehung der Krankenversicherer keine wesentlich anders gelagerten Probleme mit sich bringt als die der Lebensversicherer.

Für die Aufstellung und Aussage des konsolidierten Jahresabschlusses ist die Frage, ob die Einbeziehung der Lebensversicherer befürwortet oder abgelehnt wird, von grundsätzlicher Bedeutung. Die Argumente der diesbezüglichen Diskussion bedürfen daher einer kritischen Beleuchtung.

Bestimmend für den Erkenntniswert der Veröffentlichungen über die Konzernrechnungslegung ist ferner die Entscheidung, wie das passive Rückversicherungsgeschäft ausgewiesen wird. Ob und wo nach dem Brutto- oder dem Nettoprinzip verfahren werden soll, wird im folgenden geprüft werden.

Nach Erörterung dieser beiden grundsätzlichen Fragen wird auf die bisher von der Betriebswirtschaftslehre erarbeiteten Erkenntnisse und deren Anwendung auf die Konzernabschlüsse der Versicherungswirtschaft eingegangen werden.

Auf der Basis der zur Zeit verwendeten Gliederung der Konzernbilanz wird ein Vorschlag für ihre Neugestaltung entwickelt. In diesem Zusammenhang erfahren die Konsolidierungsprobleme der einzelnen Bilanzposten eine eingehende Behandlung.

Da eine verkürzte Konzern-Gewinn- und Verlustrechnung nur geringen Erkenntniswert besitzt, wird eine unverkürzte Konzernerfolgsrechnung vorgeschlagen und ihre Gliederung sowie die Konsolidierungsprobleme der einzelnen Positionen erörtert.

Der Konzerngeschäftsbericht in seiner bisherigen Form stellt keinen Ausgleich dar für die fehlende Aussagekraft des Konzernabschlusses, insbesondere der Konzernerfolgsrechnung. Es soll daher in einem besonderen Kapitel untersucht werden, welche Maßnahmen ergriffen werden können, um eine befriedigende Publizität im Konzerngeschäftsbericht zu erreichen.

Zum Abschluß werden die für den konsolidierten Jahresabschluß und den Konzerngeschäftsbericht vorgeschlagenen Lösungen auf ihre Aussagefähigkeit analysiert.

A. Die Bedeutung des Konzerns und der Konzernpublizität für die Versicherungswirtschaft

I. Der Begriff des Konzerns

Im Hinblick auf die Bildung des Begriffs „Konzern" kann man zwei Quellen unterscheiden, nämlich die betriebswirtschaftliche und die juristische Literatur, einschließlich der Gesetze und der Rechtsprechung.

Die betriebswirtschaftlichen Definitionen sind zahlreich und unterschiedlich. Aus der Fülle seien an dieser Stelle zwei herausgegriffen: die älteste von Passow und eine moderne von Käfer.

Nach Passow ist ein Konzern „eine Gruppe von zivilrechtlich selbständigen Unternehmungen, die eine gewisse wirtschaftliche Einheit bilden, einer einheitlichen Leitung unterstehen"[1].

Käfer versteht unter einem Konzern „eine Zusammenfassung von rechtlich selbständig bleibenden Gesellschaften (oder auch Einzelfirmen) zu wirtschaftlichen Zwecken unter einheitlicher Leitung. Die Zusammenfassung ist eine finanzielle und wird erreicht durch Beteiligung, meistens mit Hilfe des Aktienerwerbs oder Aktientausches. Die einheitliche Leitung führt häufig zur zentralen Kontrolle"[2].

Der Schwerpunkt liegt neben der fortbestehenden rechtlichen Selbständigkeit und der einheitlichen Leitung auf der Zusammenfassung zu wirtschaftlichen Zwecken.

Der Gedanke der wirtschaftlichen Einheit wird zwar auch von Passow angeführt, doch bildet er nicht den Kernpunkt seiner Definition.

Käfer kommt dem Zweck der Konzernbildung in der Versicherungswirtschaft am nächsten, da hier das Schwergewicht auf der Zusammenfassung zu wirtschaftlichen Zwecken liegt (Sortimentsergänzung, Rationalisierung der Außenorganisation, gemeinsame Werbung).

Daneben liegt in der Versicherungswirtschaft auch eine Vereinheitlichung der Leitung vor, denn „als Zusammenfassung unter einheitlicher Leitung muß es bereits angesehen werden, wenn die Konzernleitung die Geschäftspolitik der Konzerngesellschaften und sonstige grundsätzliche

---

[1] *Passow*, Richard: Betrieb, Unternehmung, Konzern, Jena 1925, S. 100.
[2] *Käfer*, Karl: Probleme der Konzernbilanz, in: ZfhF, N.F., 9. Jg., 1957, S. 346.

Fragen ihrer Geschäftsführung aufeinander abstimmt. Diese Abstimmung setzt kein Weisungsrecht voraus. Sie kann sich vielmehr auch in der lockeren Form gemeinsamer Beratungen vollziehen oder aus einer personellen Verflechtung der Verwaltungen ergeben"[3].

Von den rechtswissenschaftlichen Definitionen soll lediglich die des neuen Aktiengesetzes erläutert werden.

Das AktG 1965 bildet als Oberbegriff den Ausdruck „verbundene Unternehmen". Das sind nach § 15 AktG rechtlich selbständige Unternehmen, die im Verhältnis zueinander im Mehrheitsbesitz stehen, also mehrheitlich aktiv und mehrheitlich passiv beteiligte Unternehmen, ferner abhängige und herrschende Unternehmen, Konzernunternehmen oder Vertragsteile eines Unternehmensvertrages. Letztere sind für die Versicherungswirtschaft ohne Bedeutung. Von einem in Mehrheitsbesitz befindlichen Unternehmen wird vermutet, daß es von dem an ihm mit Mehrheit beteiligten Unternehmen abhängig ist (§ 17 Abs. 2 AktG).

Die herrschenden und abhängigen Unternehmen werden in zwei Gruppen aufgeteilt:

In Unterordnungs- und Gleichordnungskonzerne.

„Sind ein herrschendes und ein oder mehrere abhängige Unternehmen unter der einheitlichen Leitung des herrschenden Unternehmens zusammengefaßt, so bilden sie einen Konzern; die einzelnen Unternehmen sind Konzernunternehmen"[4] (Subordinationskonzern). § 18 Absatz 2 AktG besagt: „Sind rechtlich selbständige Unternehmen, ohne daß das eine Unternehmen von dem anderen abhängig ist, unter einheitlicher Leitung zusammengefaßt, so bilden sie auch einen Konzern; die einzelnen Unternehmen sind Konzernunternehmen" (Koordinationskonzern).

II. Die Konzernbildung in der Versicherungswirtschaft

Nach Braeß vollziehen sich die Zusammenschlüsse in der Versicherungswirtschaft durch Konzentration des Kapitals und der Leitung sowie durch organisatorische Verbindung[5]. Im folgenden soll nur der erste Gesichtspunkt weiter verfolgt werden, da lediglich er hinreichend quantifizierbar ist.

---

[3] Bundesjustizministerium: Entwurf eines Aktiengesetzes und eines Einführungsgesetzes zum Aktiengesetz nebst Begründung, Bonn 1960, S. 101 (Regierungsentwurf).

[4] § 18 Abs. 1 AktG.

[5] Vgl. *Braeß*, Paul: Die Konzentration in der Versicherungswirtschaft, Sonderdruck aus: Die Konzentration in der Wirtschaft, hrsg. v. Helmut Arndt, Berlin 1960, S. 415, im folgenden abgekürzt als: Die Konzentration in der Versicherungswirtschaft.

Die Konzerne werden in horizontale und vertikale Zusammenschlüsse unterteilt. Erstere umfassen mehrere Erstversicherer gleicher oder verschiedener Branchen. Vertikal wäre eine Verbindung von Erst- und Rückversicherern. Die größten Versicherungskonzerne sind zweidimensional (Victoria-, Nordstern-, Magdeburger Konzern).

Braeß unterscheidet weiterhin reine und gemischte Konzerne. Reine Versicherungskonzerne sind solche, die sich ausschließlich auf Versicherungsunternehmen erstrecken. Gemischte Konzerne enthalten auch Unternehmen anderer Wirtschaftszweige[6], z. B. Bausparkassen, Bankinstitute, Vermögensanlagegesellschaften und Versicherungsvermittlunggesellschaften.

Verschiedene Gründe lassen sich für die Konzernbildung anführen. Einer der wesentlichsten ist die aufsichtsbehördliche Vorschrift der Spartentrennung[7].

Eine Konzernbildung als indirekte Zusammenfassung der Sparten ermöglicht es dem Außendienst, seinen Kunden ein lückenloses Angebot an Versicherungsschutz zu offerieren (Grundsatz des Versicherungswarenhauses). Gleichzeitig kann die Geschäftsleitung eine Straffung des Außendienstes dergestalt vornehmen, daß in jedem Bezirk nur eine Agentur besteht, die alle Konzernunternehmen vertritt. Weiterhin werden von Braeß folgende Gründe für die Konzernbildung angeführt:

„Verminderung des Wettbewerbsdruckes auf Märkten, die einer besonders scharfen Konkurrenz ausgesetzt sind.

Möglichkeit eines Erfahrungsaustausches in branchenmäßiger und regionaler Sicht (Erschließung ausländischer Märkte, EWG).

Gegenseitige Unterstützung bei der Kapitalanlage und -beschaffung sowie der Liquiditätsvorsorge.

Verbesserte Wettbewerbschancen durch das erhöhte Vertrauen der Versicherungsnehmer zum Großunternehmen bei Konzernunternehmen, die unter der gleichen Firma wie die Muttergesellschaft arbeiten[8]."

Ferner ist noch die konzentrationsfördernde Wirkung des Schachtelprivilegs zu erwähnen.

Auskunft über den Umfang der Konzentration gibt die Konzentrationsenquete von 1964. Nach ihr lag 1960 das Grundkapital aller Versicherungsgesellschaften „zu etwa 59 % in Händen deutscher Versicherungsunternehmen. Über die Hälfte des Nominalbetrages der Beteiligungen

---

[6] Vgl. *Braeß*, Paul: Die Konzentration in der Versicherungswirtschaft, S. 415 f.

[7] Vgl. *Braeß*, Paul: Die Konzentration in der Versicherungswirtschaft, S. 416.

[8] *Braeß*, Paul: Die Konzentration in der Versicherungswirtschaft, S. 417.

entfiel auf Beteiligungen unter 50 % am Grundkapital einer Gesellschaft"[9]. In etwa einem Drittel aller Fälle kann somit eine mehrheitliche Beteiligung angenommen werden.

Braeß hat im Jahre 1960 die sechs größten Versicherungsgruppen der Bundesrepublik auf ihren Verflechtungsgrad untersucht. Dabei errechnete er einen Konzentrationsgrad von 54,6 %[10]. Da die Konzentration in der Versicherungswirtschaft während der letzten zehn Jahre weiter zugenommen hat, ist die Forderung nach der Aufstellung konsolidierter Jahresabschlüsse berechtigt.

III. Die Bedeutung der Konzernpublizität der Versicherungsunternehmen

Der konsolidierte Jahresabschluß kann für die *Konzernleitung* zu einem bedeutenden Informationsmittel werden.

Die Konzernbilanz gibt Aufschlüsse über die Vermögens- und Schuldenstruktur der verbundenen Unternehmen.

Auf der Aktivseite interessieren vorwiegend die folgenden Positionen: Grundstücke, Hypotheken, Grund- und Rentenschuldforderungen, die Schuldscheinforderungen und Darlehen, die Beteiligungen und die Wertpapiere.

Durch eine Zusammenschau der Inventarlisten lassen sich intern Anlagekumulationen bei bestimmten Schuldnern, Schuldnergruppen oder Branchen aufdecken. Durch Streuung kann die Gefahr eines größeren Verlustes der Vermögensanlagen abgewendet werden, welche dadurch entstehen kann, daß ein Schuldner, der bei verschiedenen Konzernunternehmen Mittel aufgenommen hat, illiquide wird.

Setzt man zu den Aktiva die entsprechenden Erträge aus der Konzernerfolgsrechnung in bezug, so wird damit eine Rentabilitätsanalyse des Konzernvermögens möglich, deren Auswertung zu einer Steigerung der Rendite beitragen kann.

Die Analyse der konsolidierten Erfolgsrechnung und des Konzerngeschäftsberichts gibt Aufschluß über den Trend zur Versicherungsnahme, den Schadenstrend und die Rückversicherungspolitik des Konzerns und ihren Erfolg. Die Entwicklung der Prämieneinnahmen und der Gesamtschäden bildet die Grundlage zukünftiger Konzerngewinnerwartungen.

---

[9] Vgl. Bericht über das Ergebnis einer Untersuchung der Konzentration in der Wirtschaft, Deutscher Bundestag, 4. Wahlperiode, Bundes-Drucksache IV/2320, Bonn 1964, S. 47.

[10] Vgl. *Braeß*, Paul: Die Konzentration in der Versicherungswirtschaft, S. 420.

Die Aufstellung von Konzernabschlüssen kann auch zur Zentralisation der Finanzplanung und des Rechnungswesens Anregung geben.

Im gleichen Maße wie die Konzernleitung hat auch das *Bundesaufsichtsamt* ein Interesse an konsolidierten Jahresabschlüssen, und zwar bezüglich der gleichen Punkte, auf die auch die Geschäftsleitungen ihr Augenmerk richten. Während letztere den Konzernabschluß vorwiegend unter dem Aspekt der Gewinnerzielung sehen, wird ihn das Aufsichtsamt unter dem Gesichtspunkt der dauernden Erfüllbarkeit der Versicherungsverträge und der Wahrung der Belange der Versicherten betrachten.

Verwaltung und Aufsichtsbehörde werden den Konzernabschluß auswerten, um die Auswirkung der Geschäftspolitik auf das Gesamtunternehmen zu beobachten.

Hierdurch wird aber nur eine Globalschau gegeben. Eine Betrachtung der einzelnen Gesellschaften ist weitgehend unmöglich, da sie bilanziell integriert werden. Neben dem Konzernabschluß bleiben also die Einzelabschlüsse von Bedeutung, da nur sie einen Einblick in die Vermögens- und Ertragslage der einzelnen Konzernunternehmen gewähren.

Zwar haben die *Aktionäre* eines Konzerns die Mittel zur Aufbringung des haftenden Kapitals zur Verfügung gestellt, aber an umfassender Berichterstattung hat es bisher gemangelt.

Dabei versteht sich eine Publizität gegenüber den Aktionären der Obergesellschaft eigentlich von selbst, denn die Aktionäre stellen die Eigenmittel zur Verfügung, während Vorstand und Aufsichtsrat nur Verwalter fremden Eigentums sind.

Letztere sind daher verpflichtet, den Gesellschaftern über die Geschäftsführung Rechenschaft abzulegen, da diese sich mit Hilfe der Einzelbilanzen der verschiedenen Unternehmen nur ein lückenhaftes und zersplittertes Bild über die Vermögens- und Ertragslage des Konzerns machen können. Es bedarf der Zusammenfassung und Ergänzung durch den konsolidierten Jahresabschluß, da die Aktionäre infolge der Trennung von Unternehmer- und Kapitalgeberfunktion ein Kontrollinstrument benötigen.

Von noch größerem Wert als für die Anteilsinhaber der Obergesellschaft ist der Konzernabschluß für die Minderheitsaktionäre der Untergesellschaften. Seine Veröffentlichung stellt für sie einen vorbeugenden Schutz gegen eventuelle schädigende Handlungen der Verwaltung dar[11].

Neben einer übermäßigen Ausschüttung von Dividenden sollen nachstehend die Maßnahmen aufgezeigt werden, mit denen es möglich ist,

---

[11] Vgl. *Childs*, William Herbert: Consolidated Financial Statements, Principles and Procedures, Ithaca—New York 1949, S. 51 f.

den Gewinn eines Konzernunternehmens zu Lasten der Minderheitsaktionäre über die Gestaltung des Rückversicherungsgeschäftes zu
manipulieren.

Beherrscht ein Erstversicherer den Konzern, so wird er bestrebt
sein, an dem Gewinn, der dem Rückversicherer (Tochter) durch sein
Aliment zufloß, teilzuhaben. Er wird also versuchen, möglichst niedrige
Rückversicherungsprämien sowie eine günstige Gestaltung der Gewinnanteile durchzusetzen. Der Gewinn des Rückversicherers kann auch
dadurch negativ beeinflußt werden, daß er nur wenig gewinnträchtiges
Geschäft aus dem Konzern erhält.

Andererseits besteht bei Beherrschung eines Konzerns durch den
Rückversicherer die Möglichkeit einer Erfolgsschmälerung der Erstversicherer. Durch außergewöhnlich hohe Rückversicherungsnahme und
-prämie, besonders im gutverlaufenden Lebensgeschäft, wäre eine
Gewinnverlagerung erreichbar.

Eine Betrachtung des Konzernabschlusses und der Einzelabschlüsse
der übrigen Konzernunternehmen macht — bei entsprechender Ausgestaltung derselben — den Minderheitsaktionären ersichtlich, ob die
Konzernleitung eine Politik der Gewinnaushöhlung ihrer Gesellschaft
betreibt. Sie können in einem solchen Fall dem Vorstand die Entlastung
verweigern (§ 120 AktG) und gegen die Obergesellschaft Klage auf
Schadenersatz gemäß § 119 Abs. 1 AktG erheben.

Auch die *Versicherungsnehmer* haben ein berechtigtes Interesse an
der Veröffentlichung eines Konzernabschlusses. Dies erklärt sich aus
ihrer Doppelstellung als Schuldner in bezug auf die Prämie einerseits
und als Gläubiger zukünftiger Versicherungsleistungen andererseits.

Neben den Versicherten des gewerblichen Bereichs, die meist über die
Lage ihres Versicherers informiert sind, steht die schlecht unterrichtete
Masse der privaten Versicherungsnehmer. Beiden Gruppen stehen zwar
teilweise bevorrechtigte Ansprüche im Konkursfalle zu[12], das Wissen
um einen gesunden Konzernabschluß würde jedoch das Vertrauen der
Versicherten zum Versicherer stärken und damit der Werbung zukünftiger Versicherungsnehmer dienen.

Auch die Öffentlichkeit kann neben dem Fiskus ein Interesse an der
Aufstellung von Konzernabschlüssen der Versicherungsunternehmen
haben. Wegen ihrer Bedeutung als Kapitalsammelbecken, als Schutz
vor zukünftigen Gefahren und als bedeutender Arbeitgeber kann das
Wohlergehen der Versicherungskonzerne der Öffentlichkeit nicht gleichgültig sein.

---

[12] Vgl. Anmerkung zu § 13 Abs. 1 VVG, in: *Prölss*, Erich: Kommentar zum
Versicherungsvertragsgesetz, 15. neubearbeitete und erweiterte Aufl., München—Berlin 1965, S. 118 f.

B. Die Aufgabe der Konzernpublizität

I. Die Mängel der nicht konsolidierten Rechnungslegung

Die in den Einzelabschlüssen enthaltenen Angaben über die Konzernbindungen bieten dem Betrachter nicht die Möglichkeit, sich ein Bild über die Gesamtlage des Konzerns zu machen. Im einzelnen sind im Erläuterungsbericht zur Bilanz der einzelnen Konzernunternehmen folgende Angaben erforderlich:

(1) Unter den Beteiligungen werden Kapitalanteile anderer Unternehmen ausgewiesen[1], die dauernd bei der Gesellschaft bleiben sollen und eine wirtschaftliche Verbindung mit dem Unternehmen bezwecken. Im Zweifel ist ein Besitz von 25 % der Kapitalanteile als Beteiligung anzusehen (aktive Beteiligung)[2].

(2) Der Bestand an eigenen Aktien und deren Zu- und Abgänge müssen, wenn sie von der Gesellschaft selbst gehalten werden oder wenn der Umgehungstatbestand des mittelbaren Eigentums (über Aktionäre des Unternehmens oder abhängige oder im Mehrheitsbesitz befindliche Gesellschaften) erfüllt ist, unter Angabe des Nennbetrages gesondert ausgewiesen werden[3].

(3) Die Forderungen und Verbindlichkeiten gegenüber verbundenen Unternehmen sind von den übrigen getrennt aufzuführen[4].

(4) Die in der Bilanz zu vermerkenden Eventualverbindlichkeiten, die Verbindlichkeiten (Forderungen) aus der Begebung und Übertragung (Annahme) von Wechseln, die Rückgriffsforderungen bzw. Verbindlichkeiten aus Bürgschaften und Gewährleistungsverträgen, welche aus konzerninternem Geschäft stammen, sind als solche kenntlich zu machen[5].

(5) Kredite einer abhängigen Gesellschaft an Vorstands- und Aufsichtsratsmitglieder der herrschenden Gesellschaft müssen gesondert ausgewiesen werden[6].

---

[1] Vgl. § 151 Abs. 1 AktG, Aktiva Pos. II B, Nr. 1.
[2] Vgl. § 152 Abs. 2 AktG.
[3] Vgl. § 160 Abs. 3 Nr. 1 und 2 AktG.
[4] Vgl. § 151 Abs. 3 Satz 2 AktG.
[5] Vgl. § 151 Abs. 5 Satz 3 AktG.
[6] Vgl. § 89 Abs. 2 und § 115 Abs. 1 AktG.

(6) Das Bestehen einer wechselseitigen Beteiligung ist unter Angabe des Unternehmens mitzuteilen[7].

(7) Zu berichten ist über die rechtlichen und geschäftlichen Beziehungen zu verbundenen Unternehmen mit Sitz im Inland, ferner über geschäftliche Vorgänge bei diesen, sofern sie auf die Lage der Gesellschaft einen erheblichen Einfluß ausüben können[8].

(8) Schließlich ist das Bestehen einer Beteiligung an der Gesellschaft, die ihr nach § 20 Abs. 1 oder 4 AktG mitzuteilen ist, anzugeben. Dabei ist darauf einzugehen, wem die Beteiligung gehört und ob sie den vierten Teil aller Aktien der Gesellschaft übersteigt oder eine Mehrheitsbeteiligung darstellt[9] (passive Beteiligung).

Die Werte der Einzelabschlüsse einschließlich der Angaben bezüglich der Konzernbindungen ergeben kein befriedigendes Bild über die wirtschaftliche Lage des Konzerns. Insbesondere geben sie keinen Überblick über die Vermögenslage des Konzerns. Selbst wenn man die Abschlüsse nebeneinander stellt und addiert, führt das noch nicht zur Ermittlung des Gesamtvermögens.

Das Vermögen eines Unternehmens, welches sich im Besitz einer anderen Gesellschaft befindet, tritt bei einer einfachen Zusammenfassung der individuellen Bilanzen zweimal in Erscheinung: einmal als Beteiligung des herrschenden, zum anderen als Eigenkapital des abhängigen Unternehmens.

Auch die Addition der Forderungen führt zu einem Ausweis, der wirtschaftlich in dieser Höhe nicht gerechtfertigt ist, denn Forderungen zwischen den konsolidierten Gesellschaften sind vom Standpunkt des Gesamtunternehmens interne Verrechnungsposten. Sie stellen keine echten Vermögenswerte dar. Auch ist die Höhe der Forderungen aus dem Rückversicherungsverkehr in gewissem Rahmen manipulierbar. Aktiva und Passiva erscheinen also insgesamt in einer Höhe, die das tatsächliche Vermögen der Konsolidierungsgruppe übersteigt.

Bei wechselseitigen Beteiligungen[10] bestehen besondere Gefahren. Die Aufbringung und der Ausweis des Kapitals werden in Frage gestellt[11].

---

[7] Vgl. § 160 Abs. 3 Nr. 3 AktG.

[8] Vgl. § 160 Abs. 3 Nr. 10 AktG.

[9] Vgl. § 160 Abs. 3 Nr. 11 AktG.

[10] § 19 Abs. 1 AktG: Wechselseitig beteiligte Unternehmen sind Unternehmen mit Sitz im Inland in der Rechtsform der Kapitalgesellschaft, die dadurch verbunden sind, daß jedem Unternehmen mehr als der vierte Teil der Anteile des anderen Unternehmens gehört.

[11] Vgl. *Braeß*, Paul und Walter *Karten:* Kapital- und Gewinnströme bei verflochtenen Kapitalgesellschaften, in: Z Vers Wiss 1967, Bd. 56, S. 262.

Die Gewinn- und Verlustrechnung läßt kaum Schlüsse auf das konzerninterne Geschäft zu. Lediglich aus der Position „Erträge aus Beteiligungen" werden im Rahmen der Vermögenserträge die Dividenzahlungen von Konzerngliedern ersichtlich. Über das Ergebnis des Rückversicherungsgeschäftes zwischen den Konzerngesellschaften sind in der Erfolgsrechnung keine Angaben enthalten.

Dabei bietet der technische Sektor eine Vielzahl von Möglichkeiten der Gewinnverschiebung. Die Gestaltung der Vertragsbedingungen zwischen Erst- und Rückversicherer ist neben dem Erfolg des selbstbehaltenen Geschäfts eine wesentliche Komponente für die Entstehung bzw. Verteilung der Gewinne. Über die Höhe der Rückversicherungsprämien, über die Verteilung des wenig gewinnträchtigen Geschäfts und über die Modalitäten der Regulierung kann der insgesamt entstandene Erfolg innerhalb der beteiligten Unternehmen umgelenkt werden.

Weitere Möglichkeiten der Gewinnverschiebung bestehen in der Manipulierung der Höhe der Kostenerstattungen aus dem Rückversicherungsverkehr, durch unangemessen hohe Umlage von Kosten für gemeinsame Vermögensverwaltung, für zentrales Inkasso und für einen gemeinsam betriebenen Außendienst. Sucht man noch nach weiteren Wegen für eine Gewinnverschiebung, so kann man sich der Manipulation der Gewinnanteile aus dem Rückversicherungsverkehr bedienen.

Ferner läßt sich das Jahresergebnis des nichttechnischen Sektors durch konzerninterne Käufe bzw. Verkäufe von Vermögensanlagen verändern. Bei wenig zufriedenstellender Geschäftslage besteht die Gefahr, daß Eigentumsübertragungen von Grundstücken, Beteiligungen und Wertpapieren auf andere Konzernglieder zu nicht marktgerechten Konditionen erfolgen, um auf diese Weise die wenig befriedigenden Erträge aufzubessern. Im Rahmen des Gesamtunternehmens „Konzern" führt dies zum Ausweis nicht realisierter Gewinne, welche durch eine Konzernerfolgsrechnung ausgeschaltet werden können.

Die Möglichkeit der variablen Gestaltung dieser Positionen und damit des Erfolgs der Einzelabschlüsse unterstreicht die Notwendigkeit der Aufstellung konsolidierter Gewinn- und Verlustrechnungen.

II. Die Vorzüge der konsolidierten Rechnungslegung

Der Konzernabschluß besteht gemäß § 329 Abs. 1 Satz 1 AktG aus der Konzernbilanz und der Konzern-Gewinn- und Verlustrechnung. Daneben ist ein Konzerngeschäftsbericht aufzustellen.

Der Begriff „Konzern" reicht meist weiter als der Begriff „Konzernabschluß". Letzterer enthält nur die Werte der Gesellschaften, welche in die Konsolidierung einbezogen worden sind. Der Kreis dieser Unternehmen wird durch den Beteiligungsprozentsatz der Obergesellschaft begrenzt[12]. Der Konzernabschluß ist daher „kein Abschluß des gesamten Konzerns, sondern ein solcher der einbezogenen konsolidierten Unternehmungen"[13].

Die Konzernbilanz geht von der Fiktion einer Verschmelzung der Unternehmen aus. Nach Edelkott ist sie „die Zusammenfassung der Bilanzen der Obergesellschaft und der übrigen in die Konsolidierung einbezogenen Unternehmen unter Aufrechnung aller zwischengesellschaftlichen Posten und unter Ausschaltung der konzernmäßig noch nicht realisierten Gewinne"[14].

Ihr Vorzug besteht darin, das vorhandene Vermögen, das letztlich haftende Eigenkapital und die effektive Höhe der Verbindlichkeiten aufzudecken.

Zum Problem der Eliminierung der Zwischengewinne entstanden in der Literatur zwei Auffassungen.

Die *Interessentheorie* betrachtet die Konzernbilanz vom Standpunkt der Obergesellschaft und ihrer Aktionäre. Entsprechend behandelt sie die Aktionäre der Untergesellschaften als Gläubiger, da sie deren Anteile in der Konzernbilanz als Verbindlichkeit ausweist. Zwischengewinne werden nach der Interessentheorie nur in Höhe des Beteiligungsprozentsatzes der Obergesellschaft eliminiert[15].

„Die *Einheitstheorie*, die heute von den meisten Autoren vertreten wird[16], leitet das Wesen der konsolidierten Bilanz aus dem Begriff des Konzerns als einer wirtschaftlichen Einheit ab[17]." Die Konzernbilanz darf „nur die über den Konzern hinausreichenden Wertbeziehungen und Wertbewegungen zeigen"[18]. Konzerninterne Gewinne werden daher vollständig ausgeschaltet.

Die Gewinne aus konzerninternen Geschäften tragen in der Versicherungswirtschaft einen anderen Charakter als in der Industrie.

---

[12] Vgl. S. 48 f.

[13] *Edelkott*, Dieter: Der Konzernabschluß in Deutschland, Eine Untersuchung über seine Aussagefähigkeit und seine zweckmäßige Gestaltung, in: Staatswissenschaftliche Studien, hrsg. v. Edgar Salin und Gottfried Bombach, N.F., Bd. 48, Zürich 1963, S. 17.

[14] *Edelkott*, Dieter, a.a.O., S. 18.

[15] Vgl. *Schönbucher*, Sigmar: Die Rechnungslegung wechselseitig verflochtener Unternehmen durch die konsolidierte Bilanz, Diss. Köln 1966, S. 97.

[16] Vgl. *Schuhmann*, Werner: Der Konzernabschluß, Die Bilanzierungspraxis deutscher Konzerne, Bd. 4 der Schriftenreihe „Betriebswirtschaftliche Beiträge", hrsg. v. Hans Münstermann, Wiesbaden 1962, S. 35. Dort werden 22 Autoren genannt, welche die Einheitstheorie vertreten.

[17] *Schönbucher*, Sigmar, a.a.O., S. 98.

[18] *Hintner*, Otto: Konzern, in: Handwörterbuch der Betriebswirtschaft, 3. völlig neubearbeitete Aufl., Stuttgart 1958, Bd. II, Sp. 3326.

In der Assekuranz findet in der Regel kein zweiseitiger Leistungsaustausch materieller Vermögensteile statt. Zwar leistet der Schuldner aufgrund des Rückversicherungsvertrages eine bestimmte Summe Geldes und erhält dafür vom Gläubiger das Gut „Rückversicherung" im Sinne eines Schutzversprechens. Soweit dieses immaterielle Gut nicht als vertraglicher Anspruch gegen den Rückversicherer konkretisiert ist, wird man es nach geltendem Aktienrecht als nicht bilanzierungsfähig ansehen.

Konzerninterne Käufe bzw. Verkäufe von Vermögensgegenständen, so Beteiligungen, Grundstücke und Wertpapiere, sind in der Versicherungswirtschaft selten. Wenn sie aber erfolgen, dann oft in Krisensituationen. Der Erfolg kann dadurch maßgeblich beeinflußt werden. Das Hauptgewicht des Problems der Eliminierung konzerninterner Gewinne liegt also nicht in der Konzernbilanz, sondern in der konsolidierten Erfolgsrechnung.

Die Konzernerfolgsrechnung stellt eine Zusammenfassung der Aufwendungen und Erträge der in die Konsolidierung einbezogenen Unternehmen dar, wobei die Positionen, welche aus Geschäften innerhalb des Konsolidierungskreises stammen, saldiert werden. Zweck der Aufstellung einer konsolidierten Erfolgsrechnung ist die Ermittlung des Erfolges des fiktiven Gesamtunternehmens „Konzern"[19].

Durch die Ausschaltung der konzerninternen Werte wird die Versuchung, Gewinnverschiebungen auf andere Unternehmen vorzunehmen, gemindert. Wird kein Konzernabschluß aufgestellt, so beeinflussen Verluste bei Tochtergesellschaften nur das Ergebnis des jeweiligen Einzelabschlusses. Die Lage des Konzerns und insbesondere der Obergesellschaft kann dadurch zu positiv erscheinen. Durch die Aufstellung des konsolidierten Jahresabschlusses wird ein solcher Eindruck berichtigt, da Verluste eines Konzernunternehmens den Konzerngewinn negativ beeinflussen.

---

[19] Vgl. *Käfer*, Karl, a.a.O., S. 347.

C. Die gesetzlichen Grundlagen für
die Aufstellung des Konzernabschlusses

Bereits das Aktiengesetz von 1937 enthielt in § 134 Abs. 2 Nr. 2 die Ermächtigung für den Reichsminister der Justiz, im Einvernehmen mit dem Reichswirtschaftsminister „für Konzernunternehmen Vorschriften über die Aufstellung des eigenen und über die Aufstellung eines gemeinschaftlichen Jahresabschlusses zu erlassen"[1]. Davon wurde jedoch kein Gebrauch gemacht.

Angeregt durch die wissenschaftlichen Beiträge der fünfziger Jahre wurde der Referentenentwurf eines neuen Aktiengesetzes ausgearbeitet, der im Oktober 1958 erschien und in den §§ 287—295 Vorschriften über die Rechnungslegung im Konzern enthielt. Ihm folgte im Juni 1960 der Regierungsentwurf eines Aktiengesetzes mit den entsprechenden Vorschriften (§ 316 ff.). Daraus ging nach Überarbeitung und Änderungen das Aktiengesetz vom 6. September 1965 hervor, welches am 1. Januar 1966 in Kraft trat.

Für die Konzernrechnungslegung sah § 23 EGAktG eine Übergangsfrist in der Weise vor, daß Konzernabschlüsse und Konzerngeschäftsberichte erstmals für das Geschäftsjahr 1967 aufzustellen waren. Eine Fristverlängerung für diejenigen Branchen, welche nach besonderen Rechnungslegungsvorschriften bzw. Formblättern bilanzieren (z. B. Versicherungsunternehmen, Banken), sieht das Aktiengesetz nicht vor. Demnach mußten in der Assekuranz erstmals auf den 31. Dezember 1967 konsolidierte Jahresabschlüsse und Konzerngeschäftsberichte erstellt werden.

§ 329 Abs. 1 AktG enthält die Verpflichtung zur Aufstellung eines Konzernabschlusses:

„Stehen in einem Konzern die Konzernunternehmen unter der einheitlichen Leitung einer Aktiengesellschaft oder Kommanditgesellschaft auf Aktien mit Sitz im Inland (Obergesellschaft), so hat der Vorstand der Obergesellschaft auf den Stichtag des Jahresabschlusses der Obergesellschaft eine Konzernbilanz und eine Konzern-Gewinn- und Verlustrechnung (Konzernabschluß) sowie einen Konzerngeschäftsbericht aufzustellen[2]."

---

[1] § 134 Abs. 2, Nr. 2, AktG 1937.

[2] § 329 Abs. 1 AktG.

Hat die Konzernleitung ihren Sitz im Ausland, so ist nach § 330 Abs. 2 AktG von den Vorständen der Aktiengesellschaften mit Sitz im Inland, welche der Konzernleitung am nächsten stehen, ein Teilkonzern-abschluß und ein Teilkonzerngeschäftsbericht zu veröffentlichen.

Nach § 331 Abs. 4 AktG gelten für die Konzernbilanz die Gliederungs-vorschriften des § 151 Abs. 1 AktG. Gemäß § 55 Abs. 2 VAG finden diese jedoch auf die Versicherungswirtschaft keine Anwendung. Viel-mehr ist der Bundesminister für Wirtschaft ermächtigt, im Einver-nehmen mit dem Justizministerium Vorschriften für die Rechnungs-abschlüsse der Versicherungsunternehmen zu erlassen[3].

Für die Einzelabschlüsse ist diese Ermächtigung auf das Bundes-aufsichtsamt für das Versicherungs- und Bausparwesen übertragen worden. Ob letzteres auch Fomblätter für den Konzernabschluß bindend vorschreiben kann, erscheint zweifelhaft. Nach Ansicht des Gesamt-verbandes der Versicherungswirtschaft e.V. erstreckt sich die Recht-setzungsbefugnis des Aufsichtsamtes (§ 55 Abs. 2 VAG) nicht auf die Konzernrechnungslegung[4]. Zuständig wäre also das Bundeswirtschafts-ministerium. Eine eindeutige gesetzliche Entscheidung für die Gliede-rung der Konzernbilanz der Versicherungsunternehmen fehlt somit.

Nach § 332 Abs. 1 AktG ist die Konzernerfolgsrechnung, wenn die konzerninternen Umsätze nicht eliminiert werden, nach der Gliederungs-vorschrift des § 157 Abs. 1 AktG aufzustellen, wobei die Erlöse nach Innen- und Außenumsätzen getrennt werden müssen. Auch hier besagt § 37 Abs. 1 Nr. 7 EGAktG in Verbindung mit § 55 Abs. 2 VAG, daß § 157 Abs. 1 AktG für Versicherungsunternehmen nicht anwendbar ist. Es bleibt bei der konsolidierten Erfolgsrechnung die gleiche gesetzliche Unklarheit wie bei der Gliederung der Konzernbilanz.

§ 333 Abs. 1 AktG sieht für die Konzernerfolgsrechnung eine verein-fachte Form vor, sofern die Erträge aus dem Geschäftsverkehr zwischen den in den Konzernabschluß einbezogenen Unternehmen mit den auf sie entfallenden Aufwendungen verrechnet werden. Vor Anwendung des § 333 AktG müßte aber zunächst die Gültigkeit des § 157 Abs. 1 AktG für Versicherungsunternehmen bejaht werden. Da letzterer aus obigem Grunde nicht anwendbar ist, trifft § 333 Abs. 1 AktG für Versicherungs-aktiengesellschaften nicht zu.

Die Tatsache, daß bisher keine Vorschriften für den Konzernabschluß in der Assekuranz ergangen sind, veranlaßte den Gesamtverband der Versicherungswirtschaft e.V., eine Konzernrechnungslegungs-Kommis-sion einzusetzen, die ihre Tätigkeit Ende November 1966 aufnahm. Als

---

[3] Vgl. § 55 Abs. 2 a VAG.
[4] Vgl. Gesamtverband der Versicherungswirtschaft e.V.: Rundschreiben Tgb. Nr. 136/68, Köln 1968, S. 4.

Ergebnis ihrer Beratungen wurden nach Rücksprache mit dem Institut der Wirtschaftsprüfer im April 1968 Muster für die Gestaltung der Konzernpublizität vorgelegt, und zwar sowohl solche, die die Einbeziehung der Lebensversicherer berücksichtigen, als auch solche, die deren Ausschluß vorsehen[5, 6].

Demnach enthalten die bisher veröffentlichten konsolidierten Jahresabschlüsse teils die Werte der konzerneigenen Lebensversicherer[7], teils nur die Zahlen der Schaden- und Unfall- und Rückversicherer[8].

---

[5] Vgl. Gesamtverband der Versicherungswirtschaft e. V.: Anlagen zum Rundschreiben Tgb. Nr. 136/68, Köln 1968.

[6] Vgl. Anhang, S. 148 ff.

[7] Vgl. Victoria-Lebensversicherungs-A.G.: Konzernabschluß 1969, Berlin 1970.

[8] Vgl. Allianz-Versicherungs-A.G.: Konzernabschluß 1969, München 1970.

D. Die Gestaltungsprinzipien des Konzernabschlusses

I. Die formalen Kriterien

1. Die Vereinheitlichung der Kontenpläne

Schumann fordert vor der Aufstellung eines Konzernabschlusses eine Vereinheitlichung der Kontenpläne der einbezogenen Unternehmen[1]. Damit wird man in der Versicherungswirtschaft auf Schwierigkeiten stoßen. Zwar wurde 1937 von der Reichsgruppe Versicherungen im Einvernehmen mit dem Reichsaufsichtsamt allen Versicherungsunternehmen mit einer Jahresgesamteinnahme über 100 000 RM ein Kontenrahmen verbindlich vorgeschrieben[2]. Diese Verpflichtung wurde aber nach dem Kriege wieder aufgehoben. 1957 wurde im Auftrage des Gesamtverbandes als Empfehlung ein Musterkontenrahmen herausgegeben[3], der sich weitgehend an den Erlaßkontenrahmen anlehnt. Bis heute ist jedoch eine Vereinheitlichung des Rechnungswesens nicht gelungen.

Ein einheitlicher Kontenplan ist für die Aufstellung eines Konzernabschlusses nicht unbedingt notwendig. Er erspart jedoch die mühevolle Arbeit der Umbuchungen[4]. Sofern ein einheitlicher Kontenplan nicht existiert, muß zunächst die Kontierung der Konzernunternehmen vereinheitlicht werden, d. h. die Kontengruppierung und -bezeichnung muß übereinstimmen (formelle Gleichheit). Weiterhin müssen Anweisungen gegeben werden, was auf den einheitlich bezeichneten Konten zu verbuchen ist, damit sie gleichen Inhalt haben (materielle Gleichheit).

In diesem Zusammenhang ist zu erwähnen, daß Aufwendungen und Erträge zumeist nur spartenweise verbucht werden, also ohne Trennung nach konzerninternem und konzernfremdem Geschäft. Es ist aber empfehlenswert, dafür getrennte Unterkonten einzurichten, da man sonst am Jahresende zum Zwecke der Konsolidierung sämtliche Konten jeder Sparte nach Konzern- und Fremdgeschäft auseinanderziehen muß.

---

[1] Vgl. *Schumann*, Werner, a.a.O., S. 59 f.
[2] Vgl. Reichsgruppe Versicherungen: Kontenrahmen für Versicherungsunternehmungen, Berlin 1937.
[3] Vgl. *Rausche*, E., M. *Bouclier* und H. *Jenson*: Kontenrahmen für Versicherungsunternehmen, Muster und Erläuterungen, Karlsruhe 1957, S. 5 ff.
[4] Vgl. *Heine*, Karl Heinz: Vorbereitung und Aufstellung des Konzernabschlusses, in: Wpg, 20. Jg., 1967, S. 116.

Wichtig ist ferner, zeitliche Verwerfungen zu verhindern. Sie können dadurch entstehen, daß zwei Konzernunternehmen ein und denselben Geschäftsvorfall in verschiedenen Rechnungsperioden verbuchen.

Prämien, Provisionen, Schäden usw. müssen im gleichen Abrechnungszeitraum erfaßt werden. Eine Nachtragsabrechnung, die der abgebende Erstversicherer nach Abschluß seines Rechenwerkes in neuer Periode bucht, darf vom übernehmenden Rückversicherer nicht noch in alter Rechnung erfaßt werden.

Es muß deshalb, wenn der Bilanzstichtag zwischen den Rechnungsvorfällen liegt, für eine exakte Ermittlung der Verrechnungssalden zwischen Erst- und Rückversicherer bzw. bei der Mitversicherung gesorgt werden. Eventuelle Abweichungen bedürfen der Korrektur, damit die Abschlüsse übereinstimmen (zeitliche Gleichheit).

2. Die Vereinheitlichung der Bilanzstichtage und der Veröffentlichungstermine

In der betriebswirtschaftlichen Literatur wird die Forderung nach der Vereinheitlichung des Bilanzstichtages für alle Konzernunternehmen erhoben[5]. § 331 Abs. 3 Satz 1 AktG hat dieses Postulat als Soll-Vorschrift übernommen. Die Realisierung stößt jedoch in der Versicherungswirtschaft auf Schwierigkeiten.

Das Geschäftsjahr der Erstversicherer ist in der Regel gleich dem Kalenderjahr. Die Rückversicherer bilanzieren zumeist zum 30. 6., damit die Abrechnungen der Vorversicherer möglichst vollständig berücksichtigt werden können. Der Rechnungsabschluß enthält das versicherungstechnische Geschäft des vergangenen Kalenderjahres (1. 1. bis 31. 12.) und das nichttechnische Geschäft vom 1. 7. des Vorjahres bis zum 30. 6. des laufenden Jahres.

Man kann sich nun für eine von zwei im Effekt übereinstimmende Bilanzierungsmöglichkeiten entscheiden: Entweder verlegt der Rückversicherer seinen Bilanzstichtag auf den 31. 12. oder er stellt intern einen Zwischenabschluß für das nichttechnische Geschäft zum Stichtag des Erstversicherers auf (§ 331 Abs. 3 Satz 2 AktG).

Offen bleibt, zu welchem Zeitpunkt der Konzernabschluß aufzustellen ist.

---

[5] Vgl. *Dinkelbach*, H.: Das Wesen und der Aufbau der industriellen Konzernbilanz, in: ZfhF, 35. Jg., 1941, S. 56 f.; *Marchand*, Jean P.: Konsolidierte Bilanz und Betriebsabrechnung der Holding, in: Unternehmung und Betrieb, Bd. 22, Zürich 1949, S. 36 f.; *Koberstein*, Günter: Das Rechnungswesen des Konzerns, Freiburg 1949, S. 72; *Münstermann*, Hans: Konsolidierte Bilanzen deutscher Konzerne, in: *Käfer*, Karl und Hans *Münstermann*: Konzernbilanzen, Heft 107 der Mitteilungen aus dem Handelswissenschaftlichen Seminar der Universität Zürich, Zürich 1958, S. 437; *Käfer*, Karl, a.a.O., S. 348.

§ 329 Abs. 1 Satz 3 AktG schreibt dafür eine Frist von fünf Monaten nach dem Bilanzstichtag vor, was zu größten Schwierigkeiten führen würde. Für die Erstversicherer ist der Gesamtverband der Versicherungswirtschaft mit dem Bundesjustizministerium und dem Bundesaufsichtsamt übereingekommen, daß der Abschluß innerhalb von vier Monaten dem Wirtschaftsprüfer vorzulegen ist[6].

Besteht ein Konzern nur aus Erstversicherern, so ergeben sich im allgemeinen keine Schwierigkeiten.

Für die Rückversicherer hat man den 31. 10. als Termin fixiert[7]. Der Konzernabschluß kann also frühestens zusammen mit dem Abschluß des Rückversicherers vorgelegt werden. Ob das der 31. 10. sein muß, soll dahingestellt bleiben.

Kommt das Geschäft des Rückversicherers größtenteils aus dem Konzern, so kann das Fremdgeschäft geschätzt werden, ohne daß damit ein schwerwiegender Fehler unterläuft. Der Einzelabschluß sowie der Konzernabschluß könnten dann zum 30. 6. fertiggestellt werden. Bei größerem Fremdgeschäft ist das aber nicht möglich. Hätte man die Frist auf den 30. 9. festgelegt, so müßte man im technischen Geschäft eine Schätzungsquote von ca. 25—30 % hinnehmen. Der zusätzliche Monat vermindert in der Regel den Prozentsatz entscheidend.

Geht man davon aus, daß der Abschluß des Rückversicherers und der konsolidierte Jahresabschluß zum 31. 10. dem Wirtschaftsprüfer vorgelegt werden, so wäre der konsolidierte Jahresabschluß im Dezember publizitätsreif. Für eine Prüfung innerhalb eines Monats ist es jedoch unerläßlich, daß Zwischenprüfungen im Laufe des Rechnungsjahres stattfinden, damit die Einhaltung des Zeitplanes gewährleistet ist.

Ist der Rückversicherer Obergesellschaft, so wird der Konzernabschluß dessen Hauptversammlung vorgelegt (im Dezember). Ist der Rückversicherer von einem Erstversicherer abhängig, so ergeben sich drei Möglichkeiten:

1. Im konsolidierten Jahresabschluß werden die Zahlen der Erstversicherer für das abgelaufene Jahr und die Zahlen des Rückversicherers für das davorliegende Jahr zusammengefaßt, was einen Verzicht auf zeitsynchrone Verbuchung bedeuten würde.

   Diese Möglichkeit scheidet von vornherein aus, da es Zweck des Konzernabschlusses ist, das Ergebnis eines Geschäftsjahres darzustellen.

---

[6] Vgl. Verordnung über die Fristen für die Aufstellung des Rechnungsabschlusses und die Einberufung der Hauptversammlung oder obersten Vertretung bei Versicherungsunternehmen vom 5. Februar 1968, BGBl Teil I, Nr. 11, 1968, S. 141 ff.

[7] Vgl. ebenda.

2. Mit der Verabschiedung des Rückversichererabschlusses wird eine außerordentliche Hauptversammlung der Obergesellschaft einberufen, deren Aufgabe nur darin besteht, den konsolidierten Jahresabschluß entgegenzunehmen.

Im Hinblick auf eine rasche Vorlage an die Aktionäre wäre diese Lösung optimal. Eine außerordentliche Hauptversammlung bedeutet jedoch zusätzliche Kosten und wird voraussichtlich schwach besucht sein, weil dort keine Beschlüsse über Gewinnausschüttungen gefaßt werden.

3. Der Konzernabschluß wird ein Jahr später der folgenden Hauptversammlung des Erstversicherers vorgelegt (§ 337 Abs. 2 Satz 2 AktG).

Dagegen kann eingewendet werden, daß die Angaben dann acht Monate alt und damit überholt sind. Der Nachteil könnte dadurch ausgeglichen werden, daß eine Vorschrift geschaffen wird, nach der der konsolidierte Jahresabschluß gleichzeitig mit der Vorlage des Abschlusses des Rückversicherers publiziert, jedoch erst der folgenden Hauptversammlung des Erstversicherers zur Genehmigung vorgelegt wird. Ein solches Vorgehen erscheint deshalb der Erwägung wert, weil der Konzernabschluß in erster Linie Informationszwecken dienen soll.

3. Die Vereinheitlichung der Jahresabschlußschemata

Im Schrifttum der allgemeinen Betriebswirtschaftslehre wird für die Aufstellung des konsolidierten Jahresabschlusses die Forderung eines einheitlichen Bilanz- und Erfolgsrechnungsschemas der beteiligten Unternehmen erhoben[8]. Für die Versicherungswirtschaft erweist sich dieses Postulat als problematisch, da aus den spezifischen, versicherungstechnischen Eigenarten des Lebens-, Schaden- und Unfall- sowie des Rückversicherungsgeschäftes verschiedenartige Unternehmensformen entstanden sind, für die ihrem Charakter angepaßte besondere Rechnungslegungsvorschriften erlassen wurden[9].

Mit der Uneinheitlichkeit der Gliederung von Jahresabschlüssen der Versicherungswirtschaft wird man sich also wegen der Eigengesetzlichkeit der Branche abzufinden haben. Es muß daher versucht werden, die verschiedenartigen und verschiedennamigen Posten sachlich nach

---

[8] Vgl. *Gutenberg*, Erich: Konzernbilanzen, in: Handwörterbuch der Sozialwissenschaften, Bd. 6, Stuttgart, Tübingen, Göttingen 1958, S. 180; *Schumann*, Werner, a.a.O., S. 63.

[9] Vgl. Vorschriften für die Rechnungslegung der größeren Lebens-, Schaden- und Unfall- und Rückversicherungsunternehmen, in: VerBAV, Sonderhefte 1 I, 1 III und 4, Berlin 1954 (für Rückversicherungsunternehmen 1955).

einheitlichen Gesichtspunkten unter einen Begriff einzuordnen und auszuweisen. Durch Umbuchungen, die unter Rückgriff auf den Kontenplan durchgeführt werden, kann dann die Forderung nach Vereinheitlichung des Schemas der Bilanz und der Erfolgsrechnung für Versicherungsabschlüsse auf der letzten Stufe, nämlich für den Konzernabschluß erfüllt werden. Auf die Gliederung der Konzernbilanz und -erfolgsrechnung soll später eingegangen werden[10].

II. Die materiellen Kriterien

1. Der Ausweis der passiven Rückversicherung

Bevor eine bestimmte Form der Gliederung der Bilanz bzw. der Erfolgsrechnung diskutiert werden kann, muß man zunächst entscheiden, welches Bilanzierungsprinzip gewählt wird. Dabei handelt es sich um die Frage, ob in der Rechnungslegung bezüglich des passiven Rückversicherungsgeschäftes nach dem Brutto- oder dem Nettoprinzip verfahren werden soll, d. h., ob die Werte der einzelnen Posten einschließlich oder ohne die Anteile der Rückversicherer ausgewiesen werden.

In der Bilanz hat die Entscheidung in erster Linie Bedeutung für den Ausweis der versicherungstechnischen Rückstellungen.

Eine einfache Addition der Posten der verschiedenen Einzeljahresabschlüsse verbietet sich von selbst, da man auf diese Weise ein Konglomerat aus Brutto-, Netto- und ‚Überhaupt-nicht‘-Ausweis erhalten würde[11].

Brutto würden z. B. die Werte aus der Lebensversicherung für das selbstabgeschlossene Geschäft und die Deckungsrückstellung für selbstabgeschlossene Versicherungen aus der Schaden- und Unfallversicherung erscheinen.

Netto mit Vorspaltenausweis der Rückversichereranteile würde die Deckungsrückstellung für übernommene Rückversicherungen der Schaden- und Unfallversicherer sowie deren Beitragsüberträge und die Schadenrückstellung ausgewiesen.

Ein reiner Nettoausweis ergäbe sich für die versicherungstechnischen Rückstellungen der professionellen Rückversicherer.

Gar nicht würde die Deckungs- und die Schadenrückstellung für die von Lebensversicherern in Rückdeckung übernommenen Versicherungen und die darauf entfallenden Beitragsüberträge ausgewiesen, wenn

---

[10] Vgl. S. 38 f. und S. 70 f.

[11] Vgl. *Kohlstruck*, Joachim Friedrich: Zur Konsolidierung von Jahresabschlüssen bei Versicherungsunternehmen, in: Wpg, 16. Jg., 1963, S. 223.

dafür Bardepots beim Vorversicherer gestellt würden[12]. Eine solche Konzernbilanz wäre selbst unter Vornahme der Saldierung der konzerninternen Werte ohne Aussagekraft.

In der Erfolgsrechnung würde ein einfaches Zusammenfügen der einzelnen Positionen an den vielen unterschiedlichen Postenbezeichnungen sowie an der Tatsache scheitern, daß in Leben voll brutto verbucht wird, die Schaden- und Unfall- und professionellen Rückversicherer jedoch größtenteils netto ausweisen.

Ausnahmen davon bilden bei den Schaden- und Unfallversicherern die (Brutto-)Prämieneinnahmen mit der Gegenposition „Rückversicherungsbeiträge" und die Vermögenserträge, von denen als Aufwendungen die Depotzinsen unter den „Schuldzinsen" abgehen[13]. Die professionellen Rückversicherer weisen nur die Prämieneinnahmen brutto aus.

Die Problematik einer Entscheidung für das Brutto- bzw. das Nettoprinzip wird in folgendem Zitat deutlich:

„Besonders wichtig ist die Entscheidung zwischen der Brutto- und Nettorechnung im Hinblick auf die passive Rückversicherung. Die Nettomethode würde die besonderen Erkenntnismöglichkeiten, die der ... Bruttoausweis ... bietet, ungenutzt lassen. Allerdings kann die Frage, ob die Brutto- oder die Nettorechnung zu bevorzugen ist, nicht generell beantwortet werden; es kommt vielmehr auf den Zweck der Rechnung an. Für eine Aussage über Größe, Struktur und Verursachungsfaktoren des Erfolges sind im Grunde genommen beide Rechnungen erforderlich. Soll dagegen die gesamte Geschäftsgebarung geprüft werden, empfiehlt sich die Bruttomethode. Das gilt vor allem für die Wirtschaftlichkeit der Betriebsführung und speziell für die Betriebskostenbelastung, die primär von den Bruttokosten abhängt[14]."

Zugunsten des Bruttoausweises können im wesentlichen drei Gründe angeführt werden:

1. Durch die Rückversicherungsnahme bleiben die Rechtsbeziehungen zwischen dem Versicherungsnehmer und dem Versicherer unberührt. Der Rückversicherungsvertrag begründet nur ein Haftungsverhältnis zwischen dem Zedenten und dem Retrozessionar. Gegen den letzteren

---

[12] Vgl. *Kohlstruck*, Joachim Friedrich, a.a.O., S. 223.

[13] Vgl. *Braeß*, Paul und Dieter *Farny:* Methoden und Technik der externen Erfolgsanalyse in der Schaden- und Unfallversicherung sowie in der Rückversicherung, in: Versicherungswirtschaft, 18. Jg., 1963, Sonderbeilage zu Nr. 21, S. 1, im folgenden abgekürzt als: Externe Erfolgsanalyse (Schaden- und Unfall- und Rückversicherung).

[14] *Braeß*, Paul und Dieter *Farny:* Methoden und Technik der externen Erfolgsanalyse in der Lebens- und Krankenversicherung, in: Versicherungswirtschaft, 18. Jg., 1963, Sonderbeilage zu Nr. 19, S. 1 f. im folgenden abgekürzt als: Externe Erfolgsanalyse (Lebensversicherung).

hat der Versicherungsnehmer keinen Anspruch, sondern nur der Erstversicherer. Die Versicherten bleiben auf ihren Erstversicherer angewiesen, der ihnen gegenüber auch nach Rückversicherungsnahme in vollem Umfange haftet. Ebenso haftet der Rückversicherer dem Zedenten gegenüber für das übernommene Geschäft, auch wenn er dasselbe weiter in Rückdeckung gegeben hat[15].

Die versicherungstechnischen Rückstellungen müßten daher brutto ausgewiesen werden.

2. Der nach dem Nettoprinzip aufgestellte Jahresabschluß kann einen anderen Eindruck hinsichtlich der finanziellen Lage hinterlassen als ein solcher nach der Bruttomethode.

Würde man netto bilanzieren, so erschiene ein großer Teil der Schuldverhältnisse nicht. In der Gewinn- und Verlustrechnung würden die Aufwendungen und Erträge aus dem passiven Rückversicherungsgeschäft nicht ausgewiesen.

3. Bei extensiver Auslegung der Begriffe „Forderungen" und „Verbindlichkeiten" in bezug auf die Rückversichereranteile an den technischen Rückstellungen des Vorversicherers verstößt der Nettoausweis der Rückversichererbeziehungen gegen das Saldierungsverbot in § 152 Abs. 8 Satz 1 AktG[16] sowie gegen die Grundsätze ordnungsmäßiger Buchführung[17].

Im folgenden soll nun geprüft werden, ob diese drei Argumente stichhaltig sind, und die Forderung nach einem Bruttoausweis im Konzernabschluß der Versicherungsunternehmen gerechtfertigt ist.

Zu 1.: Das Argument entspricht der juristischen Betrachtungsweise. Der Jahresabschluß soll jedoch nicht die rechtliche Situation der Unternehmung dartun. Seine Aufgabe besteht vielmehr darin, ein klares und übersichtliches Bild der wirtschaftlichen Lage zu erbringen. Das wird unseres Erachtens durch einen Nettoausweis eher erhalten, als durch die Doppelzählungen, welche aus dem Bruttoausweis der technischen Posten und der Leistungen der Rückversicherer entstehen.

Zu 2.: Die Durchführung des Bruttoprinzips würde wegen des Ausweises der Leistungen der Rückversicherer zu einer Aufblähung und Vermehrung der Posten der Bilanz und Erfolgsrechnung[18] sowie zum

---

15 Vgl. *Kuschel,* Horst: Die Publizität der größeren Versicherungsunternehmen über das aktive und passive Rückversicherungsgeschäft, Diss. Mannheim 1963, S. 97 f.

16 Vgl. *Closterhalfen,* Carl: Prüfung der technischen Posten und die Erfolgsanalyse, in: Der Wirtschaftstreuhänder, 8. Jg., 1939, S. 47.

17 Vgl. *Berchter,* Käthe: Reform der Rechnungslegungsvorschriften für Versicherungsunternehmen, Diss. Köln 1948, S. 119.

18 Vgl. *Diehl,* Walter: Die Rechnungslegung der privaten Versicherungs-Unternehmen unter besonderer Berücksichtigung der staatlichen Aufsicht,

Ausweis zweifelhafter Aktiva (Rückversichereranteile an den technischen Rückstellungen)[19] führen. Zudem erscheint es fraglich, ob die Verrechnung der anteiligen Erstattungen des Rückversicherers mit den Brutto-Versicherungsleistungen des Erstversicherers und die Verrechnung der Rückversicherungsprovision mit den Bruttokosten des Zedenten gegen das aktienrechtliche Saldierungsverbot von Aufwendungen und Erträgen verstößt.

Als Ertrag eines Unternehmens gilt der Wert der von ihm in der betreffenden Rechnungsperiode erstellten Güter und Dienstleistungen, also der in Geld ausgedrückte Gegenwert für seine wirtschaftliche Leistung[20]. Die Marktleistung eines Erstversicherers ist die Gewährung von Versicherungsschutz an die Versicherungsnehmer. Bezüglich der Erstattungen der Rückversicherer für Schadenleistungen kann angeführt werden, daß der Erstversicherer diese Beträge selbst gar nicht leistet. „Er bezieht vielmehr eine Leistung von dem Rückversicherer — nämlich den Rückversicherungsschutz —, um seine eigene Marktleistung erbringen zu können. Die Erstattungen des Rückversicherers können daher beim Zedenten kein Ertrag sein ... Die Verrechnung ist lediglich ein Rechenvorgang, der dazu dient, aus den beiden Zahlungsvorgängen den eigentlichen Aufwand des Erstversicherers zu ermitteln[21]."

Analog kann man für die Saldierung der Rückversicherungsprovision argumentieren. Ihre eigentliche Funktion besteht darin, dem Zedenten die auf den rückversicherten Bestand entfallenden Kosten zu erstatten. Sieht man ihre Zweckbestimmung in dieser Weise, so kann sie ebensowenig Ertrag sein wie die anteiligen Versicherungsleistungen des Rückversicherers[22].

Da zum einen durch den Nettoausweis der technischen Rückstellungen der Ausweis zweifelhafter Aktiva vermieden wird, zum anderen durch den Ausweis für eigene Rechnung in der Erfolgsrechnung nicht gegen das Saldierungsverbot verstoßen wird, kann im konsolidierten Jahresabschluß netto bilanziert werden. Im Konzerngeschäftsbericht sollten die wesentlichen Zahlen für die Gesamtrechnung (brutto) enthalten sein.

Durch deren Zusammenschau wäre eine optimale Publizität in der Weise gewährleistet, daß einerseits die Grundsätze der Klarheit und

---

Diss. St. Gallen 1955, S. 83; *Hax*, Karl: Die Vorschriften über die Rechnungslegung der Versicherungsunternehmungen in der Sicht des Betriebswirtes, in: Versicherungswirtschaftliches Archiv, 1955, S. 151.

[19] Vgl. S. 33.

[20] Vgl. *Gabler*, Theodor: Wirtschaftslexikon, hrsg. v. R. und H. Sellien, 7. Aufl., Wiesbaden 1957, Bd. I, Sp. 1172.

[21] Gesamtverband der Versicherungswirtschaft e.V.: Rundschreiben Tgb. Nr. 136/68, Köln 1968, S. 3 f.

[22] Vgl. ebenda, S. 6 f.

Übersichtlichkeit durch den Nettoausweis im Jahresabschluß gewahrt würden. Andererseits würde der Erkenntniswert durch Bruttoangaben der wesentlichen Positionen im Konzerngeschäftsbericht nicht herabgesetzt. Den meisten Bilanzlesern würden die Nettowerte genügen, während der Analytiker sich auf die Angaben im Geschäftsbericht stützen könnte.

Zu 3.: Die Frage, ob gegen das Saldierungsverbot bzw. gegen die Grundsätze ordnungsmäßiger Buchführung verstoßen wird, setzt voraus, daß auf die Anteile der Rückversicherer an den technischen Rückstellungen die Begriffe „Forderungen", bzw. „Verbindlichkeiten" im Sinne des geltenden Aktienrechts anwendbar sind.

Formal gesehen sind die Beitragsüberträge passive Rechnungsabgrenzungsposten, mit denen die auf das Folgejahr entfallenden Teile der im Geschäftsjahr fällig gewordenen Prämien in die nächste Periode übertragen werden. Die Rückversichereranteile an den Beitragsüberträgen haben denselben Charakter, stellen also keine Forderung dar. Es besteht daher kein direkter Zusammenhang zwischen einer Forderung aus dem Rückversicherungsgeschäft (wegen des Rückversichereranteils an dem technischen Passivposten) und den Beitragsüberträgen.

Auch die Deckungs- und die Schadenrückstellung sind in formaler Hinsicht passive Rechnungsabgrenzungsposten, denn „mit ihrer Hilfe sind die im Berichtsjahr oder in einem der Vorjahre wirtschaftlich verursachten Ausgaben späterer Rechnungsperioden in ihrer voraussichtlichen Höhe als Aufwand des Berichtsjahres bzw. eines Vorjahres vorweggenommen worden"[23]. Ebenso wie diese Passiva können auch die entsprechenden Rückversichereranteile nur Abgrenzungscharakter haben.

Aus materieller Sicht enthalten die Rückversichereranteile an den technischen Passiva einen bewerteten Anspruch des Zedenten auf zukünftige anteilige Leistungen für Versicherungsfälle, Kosten und auf eventuelle anteilige Beitragsrückerstattung und Gewinnanteile. Die vorgenannten Leistungen sind zwar dem Grunde nach durch den Rückversicherungsvertrag bestimmt, nicht aber der Höhe und Fälligkeit nach. Eine Forderung bzw. Verbindlichkeit ist also nicht entstanden[24].

Die Rückversichereranteile an den technischen Passiva tragen also keinen Forderungs- bzw. Verbindlichkeitscharakter. Will man sie überhaupt bilanzieren, so könnte man sie etwa als „rechnungsmäßige Ergänzungsansprüche gegen die Rückversicherer" bezeichnen[25].

---

[23] *Kuschel,* Horst, a.a.O., S. 101 f.
[24] Vgl. ebenda, S. 103.
[25] Vgl. *Berchter,* Käthe, a.a.O., S. 99.

Eine Bilanzierung dieser nicht feststehenden, rechnungsmäßigen Ergänzungen würde zu einem Ausweis zweifelhafter Aktiva führen und damit der heutigen Auffassung entgegenstehen, nach welcher in der Bilanz in der Hauptsache realisierbare Wirtschaftsgüter aktiviert werden dürfen, bei deren Bewertung von Anschaffungskosten, Marktpreis und Nominalwert (Forderungen) ausgegangen wird. Die Bilanzierung geschätzter Aktiva muß somit bedenklich erscheinen.

Ein Nettoausweis der technischen Rückstellungen erscheint daher als geeignete Lösung für die Konzernbilanz. Ihre Bruttohöhe kann im Konzerngeschäftsbericht angegeben werden. Dabei muß in bezug auf die Deckungsrückstellung auf § 67 VAG hingewiesen werden. Darauf wird unter der speziellen Position eingegangen[26].

Der Ausweis für eigene Rechnung entspricht zudem den Gepflogenheiten internationaler Konzernbilanzierung. Die in England, USA, Schweden und Kanada aufgestellten Konzernabschlüsse fußen auf dem Nettoprinzip[27].

Ein Nettoausweis im konsolidierten Jahresabschluß braucht nicht zu einer Einbuße an Aussagewert zu führen, sofern die entsprechenden Bruttoangaben im Geschäftsbericht erscheinen. In der Regel wird dieser als ein mehr oder weniger gewürdigter Annex des Jahresabschlusses und nicht als ein integrierender Teil desselben gewertet.

Bei der Veröffentlichung von Angaben im Geschäftsbericht, so argumentiert man, bestehe die Gefahr, daß wichtige Daten in den Hintergrund treten könnten.

Wenn dies so scheint, liegt das an der Einstellung der Betrachter, denn der Konzerngeschäftsbericht, insbesondere der Erläuterungsbericht, wird für die weitergehenden Ansprüche kritischer Interessenten aufgestellt. Seine inhaltliche Ausstattung ist in der heutigen Form allerdings unzureichend. Es bedarf zusätzlicher Angaben, auf deren Umfang im folgenden eingegangen werden soll[28].

---

[26] Vgl. S. 58.
[27] Vgl. S. 97 ff.
[28] Vgl. *Marchand*, Jean P., a.a.O., S. 37 f.; *Münstermann*, Hans, a.a.O., S. 42; *Bores*, Wilhelm: Konsolidierte Erfolgsbilanzen und andere Bilanzierungsmethoden für Konzerne und Kontrollgesellschaften, Leipzig 1935, S. 176; *Koberstein*, Günter, a.a.O., S. 48.

2. Die Vereinheitlichung der Bewertung

Die Frage, ob bei der Bewertung der Posten der Konzernbilanz sowie bei den Positionen „Abschreibungen" und „Wertberichtigungen" in der Konzernerfolgsrechnung einheitliche Bewertungsgrundsätze befolgt werden sollen, wird in der Literatur unterschiedlich beantwortet.

Eine Gruppe von Autoren befürwortet die Korrektur auf den Tageswert am Bilanzstichtag[29]. Danach müßte der größte Teil der Vermögensanlagen der Versicherungswirtschaft neu (und zumeist höher) bewertet werden, wie es bei niederländischen Versicherungsunternehmen jährlich geschieht[30]. Zuschreibungen sind jedoch in Deutschland nur insoweit möglich, als der Buchwert zuzüglich der Zuschreibungen die Anschaffungs- oder Herstellungskosten nicht überschreitet. Diese stellen gemäß § 153 Abs. 1 bzw. § 155 Abs. 1 AktG die absolute Obergrenze dar.

Das neue Aktiengesetz ist der Meinung von Fuchs-Gerloff und Trumpler[31] gefolgt, die den Grundsatz der Maßgeblichkeit der Einzelbilanz für den Konzernabschluß aufstellen. In § 331 Abs. 1 Nr. 1 AktG heißt es:

„An die Stelle der Anteile der übrigen einbezogenen Unternehmen treten die Vermögensgegenstände und Verbindlichkeiten ... aus den Bilanzen dieser Unternehmen, und zwar ... mit den in diesen Bilanzen eingesetzten Werten."

Die Gegenstände des Anlagevermögens werden gemäß § 153 Abs. 1 AktG zu Anschaffungs- oder Herstellungskosten, vermindert um Abschreibungen oder Wertberichtigungen (§ 154 AktG), bewertet. Zugänge sind mit den Anschaffungs- oder Herstellungskosten aufzuführen. Abschreibungen und Wertberichtigungen müssen planmäßig erfolgen und der voraussichtlichen Nutzungsdauer der Gegenstände entsprechen[32]. Außerplanmäßige Abschreibungen oder Wertberichtigungen *können* vorgenommen werden, wenn bei den Gegenständen am Abschlußstichtag ein niedrigerer Wert für Zwecke der Steuern vom Einkommen und Ertrag für zulässig gehalten wird.

Gemäß § 56 Abs. 1 VAG, § 37 Abs. 1 Nr. 8 EG AktG werden die Wertpapiere der Versicherungsunternehmen wie Umlaufvermögen bewertet. Nach § 155 Abs. 1 AktG werden diese Wirtschaftsgüter mit den Anschaffungs- oder Herstellungskosten bilanziert.

Ein geringerer Ansatz ist geboten, wenn der Börsen- oder Marktpreis am Abschlußstichtag niedriger ist oder wenn bei vernünftiger kaufmännischer Beurteilung verhindert werden soll, daß in der nächsten

---

[29] Vgl. *Fuchs*, Hermann und Otto *Gerloff*: Die konsolidierte Bilanz, Köln 1954, S. 63 ff.; *Trumpler*, Hans: Die Bilanz der Aktiengesellschaft nach deutschem Aktien- und Steuerrecht unter Hinweis auf das Recht der Vereinigten Staaten, Englands und der Schweiz, Basel 1958, S. 363.

[30] Vgl. § 154 Abs. 1 AktG.

Zukunft der Wertansatz dieser Gegenstände aufgrund von Wertschwankungen geändert werden muß. Ein niedrigerer Ansatz ist auch dann möglich, wenn er für Zwecke der Steuern vom Einkommen und vom Ertrag für zulässig gehalten wird.

Während im Aktiengesetz von 1937 die Anschaffungs- oder Herstellungskosten den Höchstwert bildeten[33], stellen sie nach dem neuen Aktiengesetz den normalen Wertansatz dar. Dadurch und durch die Begrenzung der Abschreibung auf ein kaufmännisch vernünftiges Maß wurde eine Konstruktion geschaffen, die ein übermäßiges Entstehen zukünftiger stiller Reserven verhindert.

Sind Gegenstände des Anlagevermögens in vor dem 1. Januar 1967 aufgestellten Jahresabschlüssen mit einem niedrigeren Wert angesetzt als nach den §§ 153, 154 AktG zulässig, so darf der niedrigere Wertansatz beibehalten werden. Er ist dann Grundlage für weitere planmäßige Abschreibung im Rahmen der voraussichtlichen Restnutzungsdauer[34].

Bei den Gegenständen des Umlaufvermögens (Wertpapiere der Versicherungsunternehmen) darf gemäß § 14 Abs. 3 EGAktG ein niedrigerer Wertansatz beibehalten werden, wenn er aufgrund § 133 Nr. 7 Satz 3 und 4 AktG 1937 angewandt werden mußte (Börsen- oder Marktpreis niedriger als Anschaffungs- oder Herstellungskosten) oder wegen § 155 Abs. 3 AktG angesetzt wurde. Wenn diese Gründe nicht mehr zutreffen, es sich also um stille Willkürreserven handelt, sind die Beträge in eine freie Rücklage einzustellen[35].

Eine einheitliche Bewertungsgrundlage auf der Basis der Anschaffungs- oder Herstellungskosten ist durch das neue Aktienrecht also nur für die nach seinem Inkrafttreten erworbenen Vermögensgegenstände geschaffen worden.

Für die Vergleichbarkeit der Konzernabschlüsse ist es wichtig, daneben die Bewertungspolitik zu vereinheitlichen, also auf die Konzernunternehmen einzuwirken, daß die Abschreibungen und Wertberichtigungen sowie die Dotierung der technischen Passiva nach einheitlichen Richtlinien erfolgen.

3. Die Eliminierung der Zwischengewinne

Ein weiteres Bewertungsproblem tritt bei der Frage der Eliminierung von Zwischengewinnen auf.

Diesem Problem kommt in der Versicherungswirtschaft eine geringere Bedeutung zu als bei den Konzernabschlüssen in der Industrie, da ein

---

[31] Vgl. § 133 Nr. 1 und 2 AktG 1937.
[32] Vgl. § 14 Abs. 2 EG AktG.
[33] Vgl. § 14 Abs. 4 EG AktG.
[34] Vgl. S. 21.

regelmäßiger Leistungsverkehr im Sinne einer Lieferung von Sachver-
mögen zwischen Versicherungsunternehmen nicht besteht.

Selbst wenn man das Bestehen eines Rückversicherungsverhältnisses
als ein Halbfabrikat bezeichnet, ist dieses nicht bilanzierungsfähig[36].

In der betriebswirtschaftlichen Literatur hat sich eine große Anzahl
von Autoren für die Eliminierung der Zwischengewinne ausge-
sprochen[37]. Ihre Ideen wurden bei der Neugestaltung des Aktienrechts
im wesentlichen berücksichtigt.

Der Gedanke der wirtschaftlichen Einheit macht die Ausschaltung von
Zwischenfällen erforderlich. Der bilanzrechtliche Grundsatz, daß der
Ausweis nicht realisierter Gewinne unzulässig ist, bedeutet in der
Übertragung auf den Konzern, daß in der konsolidierten Bilanz nur
Gewinne aus Geschäften mit Dritten außerhalb des Konsolidierungs-
kreises ausgewiesen werden dürfen.

Bei den konzerninternen Käufen und Verkäufen von Vermögensgegenständen handelt es sich um Geschäfte außerhalb des üblichen
Lieferungs- und Leistungsverkehrs im Sinne des § 331 Abs. 2 Nr. 2
AktG. Das geht daraus hervor, daß die Erträge daraus nicht als Umsatz-
erlöse, sondern, soweit es sich um Aktiva der Vermögensanlage handelt,
als Gewinne aus Vermögensanlagen (bei anderen Aktiva: außerordentliche Einnahmen) aufgeführt werden[38]. Die Gegenstände dürfen daher
„in der Konzernbilanz höchstens zu dem Wert angesetzt werden, zu dem
sie ... in der auf den gleichen Stichtag aufgestellten Jahresbilanz
dieses (des verkaufenden) Unternehmens höchstens angesetzt werden
dürften".

---

[35] Vgl. *Käfer*, Karl, a.a.O., S. 29; *Kosiol*, Erich: Grundfragen der Konzernbilanzierung, in: Die Betriebswirtschaft, 31. Jg., 1961, S. 157; *Schumann*,
Werner, a.a.O., S. 119.
[36] Vgl. REVL Pos. A VI, S. 18; REVSch Pos. A III, S. 21.
[37] Anmerkung des Verfassers.
[38] § 331 Abs. 2 AktG.

E. Die Aufstellung der Konzernbilanz

I. Die Gliederung der Konzernbilanz

In den bisher veröffentlichten konsolidierten Jahresabschlüssen wird die Konzernbilanz weitgehend wie die bisherigen Einzelbilanzen gegliedert[1].

Der nachstehende Vorschlag für die Gestaltung der konsolidierten Bilanz wurde unter Rückgriff auf die Überlegungen der Autoren Heun[2] und Krasensky[3] erarbeitet. Es werden zwar die bisherigen Posten verwendet, jedoch unter Oberbegriffe eingeordnet, deren Bildung einer besseren Übersicht und damit einer rascheren Erkenntnisfindung dienen soll.

KONZERNBILANZ

A. *Aktiva*

I. Korrekturposten zu den Passiva
  1. Ausstehende Einlagen auf das Grundkapital
  2. Kapitalaufrechnungsdifferenz

II. Posten der Vermögensanlage
  1. Feste Anlagen
     a) mit Substanzwertcharakter
        (1) Grundstücke
        (2) Beteiligungen
        (3) Aktien und andere Anteilspapiere
     b) mit Nominalwertcharakter
        (1) Hypotheken-, Grundschuld- und Rentenschuldforderungen
        (2) Schuldscheinforderungen und Darlehen
        (3) Schuldbuchforderungen gegen den Bund und die Länder
        (4) Policedarlehen
        (5) Wertpapiere, außer Aktien
  2. Liquide Anlagen
     a) Wechsel und Schecks
     b) Guthaben bei Geld- und Kreditinstituten
     c) Kasse, Bundesbank- und Postscheckguthaben

---

[1] Vgl. Anhang S. 148 ff.

[2] Vgl. *Heun*, Heinrich: Die Bilanzierung der Versicherungs-Aktiengesellschaft, Diss. Gießen 1936, S. 70 f.

[3] Vgl. *Krasensky*, Hans: Buchhaltung und Bilanzen nach ihrem Betriebsgegenstand, in: Reisch-Kreibig: Bilanz und Steuer, 5. vollständig neubearbeitete Aufl., Wien 1951, Bd. II, S. 336.

III. Forderungen aus Versicherungsverträgen
   1. an verbundene Versicherungsunternehmen
      a) aus gestellten Sicherheiten
      b) sonstige Forderungen
   2. an nicht verbundene Versicherungsunternehmen
      a) aus gestellten Sicherheiten
      b) sonstige Forderungen
   3. an Vertreter und Versicherungsnehmer

IV. Übrige Vermögensposten
   1. Forderungen aus Krediten nach § 89 und § 115 AktG
   2. Zins- und Mietforderungen
   3. Betriebseinrichtung
   4. Sonstige Aktiva

V. Rechnungsabgrenzungsposten

B. *Passiva*

I. Korrekturposten zu den Aktiva
   1. Kapitalaufrechnungsdifferenz
   2. Ausgleichsposten für Anteile in Fremdbesitz
   3. Wertberichtigungen

II. Eigenkapital
   1. Grundkapital
   2. Rücklagen
      a) gesetzliche Rücklagen
      b) andere Rücklagen

III. Fremdkapital
   1. Versicherungstechnische Passiva für eigene Rechnung
      a) Deckungsrückstellung
      b) Beitragsüberträge
      c) Schadenrückstellung
      d) Schwankungsrückstellung
      e) Rückstellung für Beitragsrückerstattung
      f) sonstige technische Rückstellungen
   2. Allgemeine Rückstellungen
   3. Verbindlichkeiten aus Versicherungsverträgen
      a) gegenüber verbundenen Versicherungsunternehmen
         (1) aus gestellten Sicherheiten
         (2) sonstige Verbindlichkeiten
      b) gegenüber nicht verbundenen Versicherungsunternehmen
         (1) aus gestellten Sicherheiten
         (2) sonstige Verbindlichkeiten
      c) gegenüber Vertretern und Versicherungsnehmern
   4. sonstige Passiva

IV. Rechnungsabgrenzungsposten

V. Konzerngewinn

Der Vorteil einer solchen Bilanzgliederung liegt in bezug auf die Aktivseite darin, daß die Posten der Vermögensanlage (A II) en bloc erfaßt und nach Liquiditätsgesichtspunkten unter Berücksichtigung des Kriteriums der substantiellen Sicherheit aufgeführt werden.

Ein weiterer Hauptposten (A III) enthält die Forderungen, welche aus Versicherungsverträgen entstanden sind, also aus der Depotstellung, dem laufenden Abrechnungsverkehr mit Versicherungsunternehmen sowie den Geschäftsbeziehungen zwischen dem Konzern und den Vertretern und Versicherungsnehmern.

Auf der Passivseite treten die Blöcke des Eigenkapitals, der Korrekturposten zu den Aktiva, der versicherungstechnischen Passiva (netto) und der Verbindlichkeiten aus Versicherungsverträgen hervor.

Damit wird versucht, durch die Bezeichnung der Posten deren Funktion stärker als bisher aufzuzeigen.

Zwei Positionen der technischen Passiva weisen keinen bzw. nur bedingten Fremdkapitalcharakter auf: die Beitragsüberträge und die Schwankungsrückstellung. Erstere sind Rechnungsabgrenzungsposten (zu den Beitragseinnahmen), letztere trägt sowohl eigenkapital- wie fremdkapitalähnliche Züge[4].

Um die passiven Rechnungsabgrenzungsposten nicht übermäßig (um die Beitragsüberträge) zu vergrößern bzw. keine Hauptposition eigener Art für die Schwankungsrückstellung bilden zu müssen, wurden deren Werte unter die Pos. B III 1 aufgenommen.

Wie in der bisherigen Gliederung der Konzernbilanz werden die Rechnungsabgrenzungsposten und der Konzerngewinn ausgewiesen.

Die Forderungen bzw. Verbindlichkeiten gegenüber *verbundenen* Unternehmen, die *keine* Versicherungsunternehmen sind, müssen unter den sonstigen Aktiva bzw. Passiva erfaßt werden.

II. Die Konsolidierung der Beteiligungen

1. Der Konsolidierungskreis

a) Die Einbeziehung branchenverschiedener Versicherungsunternehmen

Der für die Versicherungswirtschaft typische Konzern setzt sich aus Lebensversicherungs-, Schaden- und Unfall- und Rückversicherungsunternehmen zusammen (gemischter Konzern). Gegen eine Einbeziehung

---

[4] Vgl. *Braeß*, Paul: Die „Schwankungsrückstellung" in betriebswirtschaftlicher und steuerlicher Sicht, in: Z Vers Wiss 1967, Sonderdruck 1/2, S. 7; im folgenden abgekürzt als: Die „Schwankungsrückstellung".

von Lebensversicherungsgesellschaften in einen Konzernabschluß mit Schaden- und Unfall- und Rückversicherungsunternehmen kann eine Reihe von Argumenten angeführt werden, die im folgenden dargelegt und kritisch beleuchtet werden sollen.

(1) Durch diese Art der Konsolidierung wird die Spartentrennung aufgehoben.

Unter „Spartentrennung" versteht man den unternehmensmäßig getrennten Betrieb der Lebens-, Kranken-, Kredit- und Rechtsschutzversicherung von den übrigen Versicherungszweigen. Die Konsolidierung der verschiedenartigen Versicherungsunternehmen ist aber lediglich eine rechnerische Zusammenfassung der Bilanzen und Erfolgsrechnungen. Die Geschäftsgrundlagen und damit auch die Grundsätze der Vermögensanlage erfahren dadurch keine Änderung.

(2) Es geht nicht an, daß einerseits der Abschluß von Beherrschungsverträgen zwischen Lebens- und Schaden- und Unfallversicherern von der Aufsicht unterbunden wird, andererseits aber eine Zusammenfassung im Konzernabschluß stattfindet[5].

Ein Beherrschungsvertrag ermöglicht wesentliche Eingriffe in die Struktur und Organisation des beherrschten Unternehmens und zieht eine Abführungspflicht des erzielten Gewinnes nach sich. Die Konsolidierung ist dagegen nur ein buchtechnischer Vorgang, wobei jedem Unternehmen die Entscheidung über den Geschäftsbetrieb und die Ergebnisverwendung verbleibt.

(3) Durch eine solche Konsolidierung wird der Anschein erweckt, als hafte die Vermögensmasse der Lebensversicherungsgesellschaft auch für die Verbindlichkeiten der Schaden- und Unfall- und Rückversicherer[6].

Der Einwand ist damit zu beantworten, daß die Konzernunternehmen weiterhin rechtlich selbständig bleiben und lediglich für ihre eigenen Verbindlichkeiten haften (keine Solidarhaftung).

(4) Die hohen Überschüsse, welche in der Lebensversicherung zur Beitragsrückerstattung an die Versicherungsnehmer verwandt werden, könnten, sofern die Obergesellschaft ein Schaden- und Unfall- oder Rückversicherer ist, den „Dividendenhunger" der Aktionäre wecken. Sie würden die Beteiligung an einer Lebensgesellschaft in erster Linie als Kapitalanlage werten und daraus Erträge erwarten, die deren Überschüssen entsprechen[7].

---

[5] Vgl. Gesamtverband der Versicherungswirtschaft e.V.: Anlage zum Rundschreiben Tgb. Nr. 180/68, Köln 1968, S. 7.

[6] Vgl. ebenda.

[7] Vgl. ebenda.

Durch die Veröffentlichung der Druckberichte sowie durch die Wirtschaftspresse dürfte den Aktionären der Obergesellschaft bekannt sein, daß im Lebensgeschäft bedeutende Überschüsse entstehen und zugunsten der Versicherungsnehmer verwendet werden. Sie müßten also den Konzernvorstand seit Jahren bedrängen, die technischen Gewinne der Lebensunternehmen zugunsten der Aktionäre der Obergesellschaft zu verwenden. Das ist in praxi aber nicht der Fall.

Der Vorstand würde dieses Ansinnen zurückweisen, da auf Anregung der Aufsicht der überwiegende Teil der Gewinne (90—95 %) an die Versicherungsnehmer ausgeschüttet wird.

Die Aktionäre der Obergesellschaft haben also keinen Einfluß auf die Ausschüttung der technischen Gewinne einer Tochtergesellschaft der Lebensbranche.

(5) Gegen eine derartige Konsolidierung wird eingewandt, daß durch eine Einbeziehung von Lebensversicherungsunternehmen das echte Eigenkapital des Konzerns nicht ersichtlich wird und daß durch die Zusammenfassung des Eigenkapitals der Lebens- sowie der Schaden- und Unfall- und Rückversicherer unvergleichbare Größen addiert werden[8].

In der Lebensversicherung reicht ein verhältnismäßig kleines Eigenkapital wegen der vorsichtig gewählten Kalkulationsgrundlagen aus. Das erheblich größere Risiko, welches die Schaden- und Unfall- und Rückversicherer tragen, verlangt entsprechend höhere Eigenmittel.

Die Einbeziehung von Lebensgesellschaften in den Konzernabschluß würde die (Gesamt-)Prämieneinnahme und das Volumen der Versicherungsleistungen erheblich vergrößern, das Konzerneigenkapital jedoch nur relativ geringfügig beeinflussen.

Es ist aber gerade Aufgabe des konsolidierten Jahresabschlusses, aufzuzeigen, mit welchem Eigenkapital das Konzerngeschäft gesichert werden soll.

Das ausgewiesene Konzerneigenkapital besteht aus dem Grundkapital und den offenen Reserven der Obergesellschaft[9]. Sofern die „Kapitalaufrechnungsdifferenz" Rücklagencharakter trägt, verstärkt sie das Konzerneigenkapital[10].

Das Eigenkapital der Konzernunternehmen entfällt durch Saldierung mit dem Posten „Beteiligungen" in der Bilanz der Muttergesellschaft[11].

---

8 Vgl. Gesamtverband der Versicherungswirtschaft e.V., 19. Geschäftsbericht 1966/67, Köln 1967, S. 44.
9 Vgl. S. 49.
10 Vgl. S. 50.
11 Vgl. S. 49.

Es steht also fest, daß durch Einbeziehung eines Lebensversicherers das Konzerneigenkapital buchmäßig nicht nennenswert vermehrt wird. Das rechtfertigt aber keine Herauslassung dieser Unternehmen, denn das versicherungstechnische Risiko des Konzerns wird auch nicht wesentlich vergrößert.

(6) Die aus Grundkapital, offenen Rücklagen und Kapitalaufrechnungs-differenz[12] ermittelte Größe, so wird argumentiert, sage nichts über die Güte der Eigenkapitalausstattung des Konzerns aus. Der Konzernabschluß enthalte keine geeignete Bezugsgröße für das Konzerneigenkapital, da man weder die Konzernprämieneinnahme noch die versicherungstechnischen Passiva noch die Gesamtschadenbelastung dazu in Beziehung setzen könne[13].

Darauf kann erwidert werden, daß auch im Einzelabschluß eine Relation von Eigenkapital zu den Beitragseinnahmen nur zweifelhaften Wert hat. Die notwendige Höhe der Eigenmittel hängt weder von der Brutto- noch von der Nettoprämie ab, sondern ist durch die Schwere des Geschäftes bedingt. Sie wird also von der Schadenseite beeinflußt[14].

Ob man die technischen Passiva als Maßstab für die Höhe des betriebsnotwendigen Kapitals nehmen soll, erscheint zweifelhaft. Sie haben keinen einheitlichen Charakter, sondern bestehen aus heterogenen Elementen, nämlich den Beitragsüberträgen, der Schadenrückstellung, der Deckungsrückstellung, der Schwankungsrückstellung, der Rückstellung für Beitragsrückerstattung und den sonstigen technischen Rückstellungen.

Die Beitragsüberträge sind ein Rechnungsabgrenzungsposten zu den Prämieneinnahmen. Sie dienen der „Speicherung" von Beiträgen, die zwar im Geschäftsjahr eingenommen wurden, aber erst in der Folgeperiode erfolgswirksam werden sollen. Sie sind als Maßstab für das Konzerneigenkapital ebenso unbrauchbar wie die Prämien. Die Schadenrückstellung enthält diejenigen Beträge, welche zur Begleichung der eingetretenen, noch nicht bezahlten Schäden bestimmt sind. Die Erhöhung der Schadenrückstellung trägt nicht dazu bei, daß damit die Sicherheit des Unternehmens zunimmt[15].

Sie ist daher als Maßstab für die zukunftsorientierte Größe „Eigenkapital" nicht brauchbar.

---

[12] Vgl. S. 50 (soweit sie Rücklagencharakter hat).

[13] Vgl. Gesamtverband der Versicherungswirtschaft e.V.: Anlage zum Rundschreiben, Tgb. Nr. 180/68, S. 2.

[14] Vgl. *Braeß*, Paul: Die Bedeutung des Eigenkapitals in der Versicherungswirtschaft, in: Z Vers Wiss 1964, Bd. 53, S. 15 f., im folgenden abgekürzt als: Die Bedeutung des Eigenkapitals.

[15] Vgl. *Braeß*, Paul: Die Bedeutung des Eigenkapitals, S. 14.

Die Deckungsrückstellung der Konzernbilanz enthält in der Hauptsache das von den Versicherungsnehmern aufgebrachte Kapital. Sie unterliegt „nicht mehr einem versicherungstechnischen Risiko, sondern allenfalls noch einem bankmäßigen Anlagerisiko"[16].

Sinnvoller wäre es, für den Bereich der Lebensversicherung die Differenz zwischen der Versicherungssumme und der Deckungsrückstellung nach Berücksichtigung der passiven Rückversicherung als Bezugsgröße zu wählen[17].

Die Schwankungsrückstellung dient dazu, Schwankungen im Schadenverlauf, die nicht durch Prämieneinnahmen ausgeglichen werden können, überwinden zu helfen.

Im Zeitpunkt der Betrachtung hat sie Eigenkapital-, in dynamischer Sicht Fremdkapitalcharakter. In Anbetracht dieser Doppelrolle[18] erscheint es nicht sinnvoll, die Schwankungsrückstellung als Richtschnur für die Höhe der haftenden Konzernmittel zu nehmen, da sie als Bezugsgrundlage selbst Eigenkapitalcharakter hat.

Sofern man sie als Berechnungsbasis anerkennen würde, wäre es falsch, sich nach ihrer Höhe in der Bilanz zu richten. Wäre diese gering, so hieße das nicht, daß in der Zukunft keine Schwankungen im Schadenverlauf erwartet werden. Im Gegenteil! Durch ungenügende technische Überschüsse war es unter Umständen nicht möglich, die Rückstellung aufzufüllen. Die haftenden Mittel müßten statt dessen vergrößert werden.

Die Differenz zwischen der nach den aufsichtsrechtlichen Bestimmungen zulässigen Summe[19] und der vorhandenen Rückstellung wäre zur Orientierung eher geeignet.

Als geeignetster Maßstab für das Konzerneigenkapital verbleibt die Höhe der Versicherungsleistungen unter Berücksichtigung der passiven Rückversicherung und der Schwere des Geschäftes[20].

(7) Schließlich kann eingewendet werden, daß die Einbeziehung von Lebensversicherern den Aussagewert des Konzernabschlusses beeinträchtigt, da eine Zusammenrechnung des Vermögens der Lebensgesellschaft mit Versicherungsunternehmen anderer Branchen zu einer zu optimistischen Beurteilung des Konzerns führt. Wegen dieser Verfälschung stehe der Einbeziehung von Lebensversicherungsunternehmen § 329 Abs. 2 Satz 3 AktG entgegen[21].

---

[16] *Braeß*, Paul: Die Bedeutung des Eigenkapitals, S. 14.
[17] Vgl. ebenda, S. 19.
[18] Vgl. *Braeß*, Paul: Die „Schwankungsrückstellung", S. 7.
[19] Vgl. Anordnung über die Schwankungsrückstellung der Versicherungsunternehmen vom 21. Dezember 1965, in: VerBAV 1965, S. 254 ff.
[20] Vgl. *Braeß*, Paul: Die Bedeutung des Eigenkapitals, S. 15 f.
[21] Vgl. *Weihmüller*, Hermann: Der Konzernabschluß in der Versicherungswirtschaft nach neuem Aktienrecht, in: Wpg, 20. Jg., 1967, S. 31.

Offenbar wird befürchtet, daß die Ausstattung des Konzerns mit Eigenmittel als zu dürftig angesehen wird.

Auf den ersten Blick erscheint die Kapitaldecke zu kurz. Das verhält sich jedoch bei der Konsolidierung von Schaden- und Unfallmit Rückversicherern nur wenig anders. Ein Blick in Konzernabschlüsse der Industrie lehrt, daß dort die Verhältnisse ähnlich liegen. Da die Geschäfte ordnungsmäßig abgewickelt werden, besteht kein Grund, an der Sicherheit der finanziellen Lage dieser Konzerne zu zweifeln.

Auch ist die effektive Kapitalbasis der Versicherungskonzerne wesentlich breiter, als es in der Konzernbilanz erscheint. Zu den buchmäßig ermittelten Werten treten die stillen Reserven in den Aktiva und Passiva hinzu, die ein beträchtliches Ausmaß erreichen. Der Einwand bezüglich des Vermögens bezieht sich auf die Aufführung der Vermögensanlagen der Lebensversicherer in der konsolidierten Bilanz. Sie sind zwar durch die Vorschriften des VAG und des VVG zugunsten der Versicherten geschützt[22].

Daraus jedoch abzuleiten, sie gehörten wirtschaftlich nicht zum Vermögen des Konzerns, ginge zu weit. Das einzelne Unternehmen bleibt Eigentümer der Aktiva und ihrer Erträge.

Aus den vorgenannten Einwänden, insbesondere wegen der Vermögensanlagevorschriften, wird ein gesonderter Ausweis des Vermögens der Lebensversicherer in der Konzernbilanz gefordert, damit erkennbar wird, daß es sich um gebundene Mittel handelt[23]. Damit soll vermieden werden, daß der Eindruck eines gemeinsam haftenden Vermögens entsteht.

Weder in den Bilanzen der Lebens- noch in denen der Schaden- und Unfallversicherer werden die nach den Vermögensanlagevorschriften angelegten Werte gesondert ausgewiesen.

Da die Höhe der Deckungsrückstellung für selbstabgeschlossene Versicherungen sowie ihre vorschriftsmäßige Anlage und Aufbewahrung unter den Bilanzen der Erstversicherer zu vermerken ist[24], dürfte dasselbe auch für die Konzernbilanz genügen, um so die Höhe der Aktiva des Deckungsstockes zu kennzeichnen.

Die gegen die Konsolidierung branchenverschiedener Versicherungsunternehmen vorgebrachten Argumente können nicht überzeugen. Das

---

[22] Vgl. *Prölss*, Erich: Kommentar zum Versicherungsvertragsgesetz, 15. neu bearbeitete und erweiterte Aufl., München—Berlin 1965, S. 117 ff. (Konkursregelung in § 13 VVG); derselbe: Kommentar zum Versicherungsaufsichtsgesetz, 5. Aufl., München—Berlin 1966, S. 528 ff. (Vermögensanlagevorschriften).

[23] Vgl. *Weihmüller*, Hermann, a.a.O., S. 31.

[24] Vgl. § 65 Abs. 2 VAG, § 73 VAG.

Bundesjustizministerium vertritt daher die Ansicht, daß grundsätzlich alle Konzernunternehmen, also auch Lebensversicherer, in den Konzernabschluß einzubeziehen sind. Als Ausnahmen gelten vornehmlich „Fälle, in denen die Nichtlebensversicherer des Konzerns eine verhältnismäßig einheitliche Struktur aufweisen und darüber hinaus die Größenverhältnisse im Konzern so gelagert sind, daß sich die strukturellen Unterschiede zwischen dem Lebensversicherer und den übrigen Konzernunternehmen in den konsolidierten Zahlen gravierend auswirken"[25].

b) Die Einbeziehung von Hilfs- und branchenfremden Unternehmen

Gemäß § 329 Abs. 2 Satz 2 AktG kann von der Einbeziehung eines Unternehmens in den konsolidierten Jahresabschluß wegen seiner geringen Bedeutung abgesehen werden, wenn die Darstellung der Vermögens- und Ertragslage des Konzerns dadurch nicht beeinträchtigt wird.

In der Versicherungswirtschaft könnten die Vermögensverwaltungsgesellschaften, die Versicherungsvermittlungsgesellschaften und die Versicherungsunternehmen mit geringem versicherungstechnischen Geschäft unter diesen Gesichtspunkt eingeordnet werden.

Da Vermögensverwaltungsgesellschaften zum Teil erhebliche Kapitalien für die Muttergesellschaft anlegen und halten, sollte man sie wegen ihrer Bedeutung für die Vermögenslage des Konzerns stets einbeziehen[26], es sei denn, sie betrieben nur eine beratende Tätigkeit.

Ein genereller Ausschluß konzerneigener Versicherungsvermittlungsgesellschaften, wie Weihmüller es empfiehlt[27], erscheint nicht haltbar, denn wirtschaftlich gesehen sind sie Filialen, denen man ein höheres Maß an Selbständigkeit eingeräumt hat, die in der Hauptsache aber Geschäft an die Muttergesellschaft liefern.

Für die Konzernbilanz ist die Bedeutung der konzerneigenen Vermittlungsgesellschaften gering, da der Wert ihrer Aktiva und Passiva unbedeutend ist. Das Gewicht für die Konzernerfolgsrechnung hängt von den an sie gezahlten Provisionen ab. Deren Höhe wird daher für eine Einbeziehung entscheidend sein.

Versicherungsunternehmen mit geringem versicherungstechnischen Geschäft sind nach Weihmüller in den konsolidierten Jahresabschluß aufzunehmen, soweit sich aus dem geringen Geschäft Verluste ergeben,

---

[25] Gesamtverband der Versicherungswirtschaft e.V.: Rundschreiben, Tgb. Nr. 180/68, S. 2 f.

[26] Vgl. *Weihmüller*, Hermann, a.a.O., S. 29.

[27] Vgl. *Weihmüller*, Hermann, a.a.O., S. 29.

oder wenn durch deren Fortlassen die Darstellung der Vermögenslage des Konzerns verfälscht wird[28].

Auch bei ausgeglichenem oder positivem Geschäft sollte man sie der Vollständigkeit halber in den Konzernabschluß einbeziehen.

Von der Einbeziehung branchenfremder Unternehmen in den Konzernabschluß von Versicherungsgesellschaften sollte man im Hinblick auf § 329 Abs. 2 Satz 3 AktG (Beeinträchtigung des Aussagewertes) absehen. Es erscheint wenig sinnvoll z. B. die Jahresabschlüsse eines Versicherungsunternehmens und einer Bausparkasse oder eines industriellen Unternehmens zu konsolidieren. Die verschiedenartigen Rechnungslegungsvorschriften, Bilanz- und Erfolgsrechnungsschemata und die entsprechend unterschiedliche Vermögens- und Ertragsstruktur lassen nur einen geringen Ausagewert eines solchen Konzernabschlusses erwarten.

c) Die Einbeziehung ausländischer Konzernunternehmen

Gemäß § 329 Abs. 2 Satz 1 AktG besteht zwar nur die Verpflichtung zur Konsolidierung der Konzernunternehmen mit Sitz im Inland, aber auch ausländische Beteiligungsgesellschaften können in den Konzernabschluß einbezogen werden (§ 329 Abs. 2 Satz 4 AktG). Sofern dies geschieht, ist es im Konzerngeschäftsbericht anzugeben[29].

Sind bei ausländischen Konzernunternehmen größere Verluste entstanden oder zu erwarten, so muß das auf jeden Fall im Konzerngeschäftsbericht vermerkt werden (§ 334 Abs. 3 AktG).

Die Einbeziehung einer ausländischen Tochtergesellschaft in einen deutschen Konzernabschluß kann nach Rose nur dann als sinnvoll angesehen werden, wenn eine qualifizierte Mehrheitsbeteiligung (mehr als 75 %) vorliegt und der Inflationsgrad der betreffenden Landeswährung etwa gleich dem deutschen ist[30]. Ferner muß die Transferierbarkeit der Gewinne und des Vermögens gewährleistet sein[31]. Sofern bei der Bewertung der Vermögensgegenstände der ausländischen Tochtergesellschaft und der deutschen Obergesellschaft erhebliche Unterschiede bestehen, ist dies im Konzerngeschäftsbericht zu vermerken. Eventuell wird sogar eine Umrechnung notwendig.

---

[28] Vgl. *Weihmüller*, Hermann, a.a.O., S. 29.

[29] Vgl. *Godin-Wilhelmi*: Aktiengesetz vom 6. September 1965, Kommentar, 3. Aufl., bearbeitet von Hans Wilhelmi und Sylvester Wilhelmi, Berlin 1967, Bd. II, S. 1750.

[30] Vgl. *Rose*, Werner: Die Einbeziehung ausländischer Konzernunternehmen in den Konzernabschluß inländischer Konzerne, in: Wpg, 16. Jg., 1962, S. 555 ff.

[31] Vgl. *Rätsch*, Herbert: Grundsatzfragen zur Konsolidierung von handelsrechtlichen Jahresabschlüssen, in: Wpg, 14. Jg., 1960, S. 630.

Zum Zwecke der Konsolidierung werden die einzelnen Positionen des ausländischen Jahresabschlusses in inländische Währung umgerechnet und nach Saldierung der konzerninternen Werte in das inländische Konzernabschlußschema eingeordnet.

Die Zusammenarbeit der Versicherungsunternehmen in der Europäischen Wirtschaftsgemeinschaft wird neben der Kooperation zur kapitalmäßigen Verflechtung führen. Außerdem wird die deutsche Versicherungswirtschaft versuchen, durch Gründung ausländischer Tochtergesellschaften die betreffenden Märkte auszuschöpfen. Trotz der Schwierigkeiten (unterschiedliche Rechnungslegungsvorschriften und Bewertung), welche die Einbeziehung ausländischer Konzernunternehmen bereitet, wird man sich daher um eine Lösung der Probleme bemühen müssen.

d) Die Problematik des Beteiligungsprozentsatzes

§ 329 Abs. 2 Satz 1 AktG verlangt, daß inländische Konzernunternehmen, deren Anteile zu mehr als der Hälfte in den Händen von Konzernunternehmen sind, in den konsolidierten Jahresabschluß einbezogen werden.

Die finanzielle Verbindung muß nicht unbedingt zwischen der Obergesellschaft und dem einzelnen Konzernunternehmen bestehen (direkte Beteiligung). Es genügt, wenn mehr als die Hälfte der Anteile eines Unternehmens anderen Konzernmitgliedern gehört (indirekte Beteiligung)[32].

Diese Regelung entspricht den Richtlinien der amerikanischen Securities and Exchange Commission. Allerdings wird in den USA fast keine nur zu 51 % beherrschte Gesellschaft in den Konzernabschluß aufgenommen[33]. In der Literatur wurde daher auch verschiedentlich für eine Grenze von 75 % plädiert[34].

Trotzdem erscheint die im Aktiengesetz gewählte Grenze richtig, da das im Aktiengesetz von 1937 verankerte „Führerprinzip" nicht vollständig geändert wurde.

Mit einfacher Mehrheit kann ein Großaktionär die Wahl des Aufsichtsrates und darüber die Zusammensetzung des Vorstandes maßgeblich beeinflussen. Dadurch vermag er Einfluß auf die Geschäftspolitik und damit auf die Bilanzierung und Gewinnausschüttung zu gewinnen[35].

---

[32] Vgl. *Godin - Wilhelmi*, a.a.O., S. 1728.
[33] Vgl. Bundesjustizministerium: Entwurf eines Aktiengesetzes und eines Einführungsgesetzes zum Aktiengesetz nebst Begründung, S. 243.
[34] Vgl. *Rätsch*, Herbert, a.a.O., S. 629 f.
[35] Vgl. *Warneke*, Heinz: Grundsatzfragen zur Konzern-Rechnungslegung, in: Wpg, 15. Jg., 1961, S. 118 f.

Da der Aufsichtsrat den Jahresabschluß feststellt (§ 172 AktG) — er ist zwar nur befugt, höchstens die Hälfte des Überschusses in die freien Rücklagen einzustellen (§ 58 Abs. 2 AktG) —, kann auch heute noch der Gewinn durch die Unternehmensleitung über die Rückstellungs- und Abschreibungspolitik manipuliert werden. Letztere richtet sich zwar nach dem Abschreibungsplan, es ist damit jedoch keine Begrenzung der Abschreibungshöhe bzw. der Nutzungszeit gegeben.

Die Handlungsfreiheit der Geschäftsleitung ist allerdings durch Maßnahmen der Aufsichtsbehörde begrenzt, so durch die Vermögensanlagevorschriften, die Prämien- und Tarifgestaltung in der Lebens- und Kraftfahrtversicherung oder die Vorschriften über die Schwankungsrückstellung. Mit Ausnahme dieser Einschränkungen ist es möglich, die Personal-, Geschäfts-, Bilanzierungs- und Dividendenpolitik eines Unternehmens durch einfache Mehrheit maßgeblich zu beeinflussen.

Die aktienrechtliche Entscheidung, welche für die Einbeziehung eines Konzernunternehmens das Bestehen einer Beteiligung von mehr als 50 % vorsieht, erscheint somit gerechtfertigt.

2. Die Durchführung der Beteiligungskonsolidierung

a) Die Buchtechnik der Beteiligungskonsolidierung

Das Prinzip der Aufstellung der Konzernbilanz besteht in der Summation aller Vermögens- und Schuldposten mit anschließender Saldierung der konzerninternen und der doppelt erfaßten Werte.

Nach § 331 Abs. 1 Nr. 3 AktG erfolgt die Beteiligungs-(Kapital-)konsolidierung in der Weise, daß der Buchwert der Beteiligung in der Bilanz der Obergesellschaft gegen das Grundkapital und die offenen Rücklagen der Untergesellschaft saldiert wird. Das in der konsolidierten Bilanz ausgewiesene Eigenkapital besteht lediglich aus dem Grundkapital und den offenen Rücklagen der Obergesellschaft[36].

An die Stelle des saldierten Wertes des Postens „Beteiligungen" treten die Aktiva und Passiva der Untergesellschaften (mit Ausnahme ihres „bilanziellen Eigenkapitals" bzw. des Grundkapitals und der offenen Rücklagen) in die konsolidierte Bilanz ein[37].

---

[36] Ein eventueller Konzerngewinn verstärkt, ein Konzernverlust vermindert das Eigenkapital.

[37] Vgl. § 331 Abs. 1 Nr. 1 AktG. Bilanzielles Eigenkapital = Grundkapital + gesetzliche Rücklagen + andere offene Rücklagen + Gewinnvortrag ./. Verlustvortrag ./. ausstehende Einlagen auf das Grundkapital ./. eigene Aktien der Untergesellschaft; vgl. *Schumann*, Werner, a.a.O., S. 91.

Die Position „Beteiligungen" in der Konzernbilanz enthält dann nur noch den Anteilsbesitz außerhalb des Konsolidierungsbereiches.

Sämtliche Aktiva und Passiva der Konzernunternehmen werden zunächst nach Postengruppen erfaßt und addiert. Die dadurch entstehende Doppelerfassung bei den versicherungstechnischen Passiva, Forderungen, Verbindlichkeiten und Rechnungsabgrenzungsposten werden später durch Saldierungen ausgeschaltet.

Oft weicht der Buchwert der Beteiligung in der Bilanz der Muttergesellschaft von dem entsprechenden Buchwert des Reinvermögens der Tochtergesellschaft ab. Durch die Saldierung entsteht dann eine sogenannte Kapitalaufrechnungsdifferenz[38].

Ist der Buchwert der Beteiligung kleiner als das „bilanzielle Eigenkapital", so entsteht als Kapitalaufrechnungsdifferenz ein passiver Saldo (Restbetrag). Es können folgende Fälle vorkommen[39]:

(1) Die Beteiligung ist unterbewertet, zumeist aufgrund nach dem Erwerb erwirtschafteter Gewinne, die in die Rücklagen eingestellt wurden (häufigster Fall).

Der Unterschiedsbetrag trägt Rücklagencharakter. Er wird gemäß § 331 Abs. 1 Nr. 3 AktG in die Konzernbilanz eingestellt und deckt somit die stillen Reserven in den Beteiligungen der Obergesellschaft teilweise auf.

(2) Die Vermögensgegenstände der Untergesellschaft sind überbewertet

Damit liegt ein Verstoß gegen die Bilanzwahrheit vor. Die Gegenstände müssen auf den Wert am Bilanzstichtag abgeschrieben werden (§ 154 Abs. 2 AktG), womit die passive Kapitalaufrechnungsdifferenz verschwindet.

(3) Die Muttergesellschaft mißt der Beteiligung wegen geringerer Erfolgserwartungen einen niedrigeren Wert als den Substanzwert bei.

Es bedarf entweder einer Abschreibung, oder der Differenzbetrag ist unter die Passiva aufzunehmen.

(4) Für die Beteiligung wurde ein zu niedriger Preis gezahlt, also ein günstiger Kauf getätigt. Der Buchwert ist daher kleiner als das bilanzielle Eigenkapital.

Es erfolgt eine Behandlung wie im Fall 1.

Ist der Buchwert der Beteiligung größer als das bilanzielle Eigenkapital, so entsteht als Kapitalaufrechnungsdifferenz ein aktiver Saldo.

---

[38] Vgl. § 331 Abs. 1 Nr. 3 AktG.

[39] Vgl. zu Nr. 1 und 3, *Kropff*, Bruno: Aktiengesetz und Einführungsgesetz vom 6. 9. 1965 mit Begründung des Regierungsentwurfs, Bericht des Rechtsausschusses des Deutschen Bundestages, Verweisungen und Sachverzeichnis, Düsseldorf 1965, S. 436; vgl. zu Nr. 2 und 4, *Schumann*, Werner, a.a.O., S. 96.

Man kann nachstehende Möglichkeiten unterscheiden[40]:

(1) Bei Anschaffung der Beteiligung wurde ein Preis gezahlt, der über dem Substanzwert liegt.

Erscheint der Preis wegen höherer zukünftiger Gewinnerwartungen gerechtfertigt, so ist der Differenzbetrag als derivater Firmenwert zu aktivieren; er muß jedoch innerhalb von 5 Jahren abgeschrieben werden (§ 153 Abs. 5 AktG). Sofern man nicht mit entsprechend steigenden Gewinnen rechnet, muß eine Abschreibung auf den niedrigeren Tageswert vorgenommen werden (§ 154 Abs. 2 AktG).

(2) Der Buchwert der Beteiligung war im Zeitpunkt der Anschaffung gleich dem bilanziellen Eigenkapital, jedoch entstanden nach dem Erwerb Verluste, welche durch Rücklagenkürzung getilgt wurden.

Der Differenzbetrag wird in die Konzernbilanz eingesetzt, sofern es sich um eine vorübergehende Wertminderung handelt. Ist das nicht zu erwarten, so muß auf den Tageswert abgeschrieben werden (§ 154 Abs. 2 AktG).

(3) Die Aktiva der Untergesellschaft enthalten stille Reserven.

Der Unterschiedsbetrag zwischen dem Buchwert der Beteiligung und dem bilanziellen Eigenkapital des zu konsolidierenden Unternehmens wird in die konsolidierte Bilanz eingestellt.

Aktive und passive Kapitalaufrechnungsdifferenzen werden jeweils für sich summiert. Man kann sie sowohl getrennt unter die Vermögens- und Schuldposten aufnehmen, als auch als Saldo ausweisen[41]. In praxi wird der letztere Weg beschritten, da die Ursachen und der bilanzmäßige Charakter des Unterschiedsbetrages gemäß § 334 Abs. 3 Ziff. 1 AktG im Konzerngeschäftsbericht erläutert werden müssen.

b) Die Behandlung der Minderheitsanteile

Es wurde bisher in der Regel unterstellt, daß die Obergesellschaft sämtliche Anteile der Untergesellschaft besitzt. Oft aber sind Teile ihres Kapitals in den Händen konzernexterner Aktionäre.

Bei der Behandlung von Minderheitsanteilen sind zwei Verfahren möglich, die Voll- und die Quotenkonsolidierung[42].

Bei der Vollkonsolidierung werden sämtliche Aktiva und Passiva mit Ausnahme der aufgerechneten Beträge in die Konzernbilanz übernommen. Sie enthält damit die Eigentumsrechte der Inhaber von Minderheitsanteilen an den Gegenständen der Konzernunternehmen.

---

[40] Vgl. zu Nr. 1 und 3, *Schumann*, Werner, a.a.O., S. 94 ff.
[41] Vgl. *Kropff*, Bruno, a.a.O., S. 442.
[42] Vgl. *Schumann*, Werner, a.a.O., S. 102.

Für deren Anteile an den Vermögensgegenständen der Beteiligungsgesellschaften wird auf der Passivseite gemäß § 331 Abs. 1 Ziff. 2 AktG ein „Ausgleichsposten für Anteile in Fremdbesitz" eingesetzt.

Beim Quotenverfahren wird nur der Bruchteil aller Aktiva und Passiva in die Konzernbilanz aufgenommen, welcher dem Beteiligungsprozentsatz der Obergesellschaft entspricht. Dadurch wird die Existenz von Minderheitsanteilen verschleiert, denn ein entsprechender Korrekturposten wird nicht bilanziert.

Die Quotenkonsolidierung ist nach dem AktG nicht gestattet und wird in der Literatur im allgemeinen abgelehnt[43].

III. Die Konsolidierung der größeren versicherungstechnischen Passiva

Aufgabe des folgenden Abschnitts soll sein, die Probleme des Ausweises und der Konsolidierung der Deckungsrückstellung, der Beitragsüberträge und der Schadenrückstellung zu behandeln.

Hat jedes Versicherungsunternehmen eines Konzerns für alle abgeschlossenen Versicherungen vollen Eigenbehalt, so werden die technischen Passiva und die ihnen gegenüberstehenden Aktivwerte (Positionen der Vermögensanlage, Forderungen an Versicherungsunternehmen) konsolidiert, indem man sie addiert und die Werte in die konsolidierte Bilanz einsetzt. Ein solcher Fall wird selten vorkommen.

In der Regel kommt es darauf an, neben dem Ausgleich im eigenen Kollektiv einen Risikoausgleich auf der Ebene mehrerer Versicherungsunternehmen durch Rückversicherung zu erzielen.

1. Der Ausweis in den Einzelbilanzen

Beim Bestehen von Rückversicherungsbeziehungen innerhalb des Konzerns erfolgt der Ausweis der versicherungstechnischen Passiva und ihrer Gegenposten aufgrund unterschiedlicher Rechnungslegungsvorschriften bei Lebens-, Schaden- und Unfall- und Rückversicherungsunternehmen auf verschiedene Weise.

a) bei Lebensversicherungsunternehmen

In der Lebensversicherung ist für das aktive Rückversicherungsgeschäft eine andere Bilanzierung vorgeschrieben als für das passive.

---

[43] Vgl. *Schönbucher*, Sigmar, a.a.O., S. 180 ff.

α) aktives Rückversicherungsgeschäft

Nimmt ein Lebensversicherer indirektes Geschäft in seinen Bestand auf, so stellt er für seinen Anteil am Geschäft des Zedenten bei ihm Sicherheiten, welche der Erstversicherer zur vermögensmäßigen Bedeckung der Deckungsrückstellung (§ 67 VAG), der Beitragsüberträge und der Schadenrückstellung verwendet.

Wird für die *Deckungsrückstellung* als Sicherheit ein Bardepot gestellt (Regelfall), so müßte aus diesem Vorgang eigentlich beim rückversichernden Lebensunternehmen eine Forderung aus gestellten Sicherheiten aktiviert und die zugehörige technische Rückstellung passiviert werden. Diese beiden Beträge werden jedoch, bevor sie in die Bilanz eingestellt werden, saldiert. Sie heben sich auf, da sie zahlenmäßig gleich sind, erscheinen also gar nicht in der Bilanz.

Das geht nur indirekt aus den Rechnungslegungsvorschriften hervor. Die Erläuterung zur Pos. A X besagt:

„Als Forderungen aus dem Rückversicherungsverkehr sind u. a. solche Beträge (Werte) anzusehen, die von den berichtenden Unternehmen bei Vorversicherern für in Rückdeckung übernommene Versicherungen allgemeiner Art, ..., gestellt sind; Deckungsrückstellungen, Beitragsüberträge und Schadenrückstellung zu in Rückdeckung übernommenen Versicherungen[44] dürfen nicht aktiviert werden, gleichgültig, ob sie beim Vorversicherer verblieben sind oder nicht[45]."

Gürtler schreibt hierzu: „Das beim Zedenten gestellte Bardepot darf (in der Bilanz des rückversichernden Lebensversicherungsunternehmens)[46] nicht aktiviert werden. Auf der anderen Seite figuriert das Deckungskapital für diese Versicherungen auch nicht unter den Passiven[47]."

Stellt das rückversichernde Unternehmen bei dem Zedenten ein *Wertpapierdepot* (Ausnahme), so findet keine Verrechnung statt. Der (Lebens-)Rückversicherer weist die hinterlegten Wertpapiere in seiner Bilanz unter der entsprechenden Position aus und passiviert die Deckungsrückstellung für übernommene Versicherungen[48].

Neben den Sicherheiten für die Deckungsrückstellung stellt der Rückversicherer auch solche für seinen Anteil an den *Beitragsüberträgen* des Zedenten. Diese Beträge, die stets bar einbehalten werden, erschei-

---

[44] Also auch die für diese Rückstellungen gestellten Sicherheiten.
[45] REVL, Pos. A X Ziff. 1 a, S. 9.
[46] Anmerkung des Verfassers.
[47] *Gürtler*, Max: Die Erfolgsrechnung der Versicherungsbetriebe, Berlin 1931, S. 346.
[48] Vgl. *Kuschel*, Horst, a.a.O., S. 29; *Prölss*, Erich: Versicherungsaufsichtsgesetz, a.a.O., S. 526.

nen ebenfalls nicht unter der entsprechenden Position in der Bilanz des rückversichernden Unternehmens. In den REVL heißt es zwar:

„Die Beitragsüberträge sind in der Bilanz für die selbstabgeschlossenen Versicherungen und für die übernommenen Rückversicherungen in je einem Gesamtbetrag auszuweisen, und zwar einschließlich der Anteile für in Rückdeckung gegebene Versicherungen[49]."

Daraus könnte man schließen, daß die Beitragsüberträge des indirekten Geschäfts passiviert werden.

Im Bilanzvordruck Formular L I der REVL wird dazu Stellung genommen[50]. In der dem Aufsichtsamt einzureichenden Bilanz sind unter Pos. B V Nr. 2 die Prämienüberträge für das übernommene Geschäft, soweit keine Sicherheiten beim Vorversicherer verbleiben, auszuweisen. Da jedoch im inländischen Geschäft Depots beim Zedenten gestellt werden müssen, erscheinen in der Bilanz des Erstversicherers keine Beitragsüberträge für das indirekte Geschäft. Sie werden gegen die aus ihnen entstandenen Forderungen aufgerechnet. Die Unterpositionen der Beitragsüberträge aus dem Formular L I werden im veröffentlichten Druckbericht zu einem Posten zusammengefaßt[51], der ebenso wie die Bilanz nach Formular L I keine Beitragsüberträge für übernommene Versicherungen, soweit Sicherheiten dafür beim Vorversicherer verbleiben, enthält.

Die *Rückstellung für noch nicht abgewickelte Versicherungsfälle und Rückkäufe*, welche auf das aktive Rückversicherungsgeschäft entfällt, wird ebenso wie die Deckungsrückstellung behandelt. Die Anteile der Rückstellung werden mit der entsprechenden Forderung für beim Vorversicherer gestellte Sicherheiten verrechnet[52]

β) passives Rückversicherungsgeschäft

Aus § 67 VAG folgend werden im deutschen Geschäft immer Sicherheiten zur Bedeckung der *Deckungsrückstellung* mit Vermögenswerten einbehalten. Im Gesetz heißt es an dieser Stelle:

„Bei Rückversicherungen hat die rückversicherte Unternehmung die Deckungsrücklage auch für die in Rückversicherung gegebenen Summen nach den §§ 65, 66 zu berechnen sowie selbst aufzubewahren und zu verwalten[53]."

In der Bilanz wird die Deckungsrückstellung für das selbstabgeschlossene Geschäft einschließlich der Anteile der Rückversicherer ausgewiesen. Die REVL besagen hierzu:

---

[49] REVL Pos. B V Abschn. 1, S. 12.
[50] Vgl. REVL, Formular L I, Pos. B V Nr. 2, S. 37.
[51] Vgl. REVL, Formular L I ö, Pos. B V, S. 132.
[52] Vgl. REVL, Formular L I, Pos. B VI Nr. 2, S. 12.
[53] § 67 VAG.

„Für die selbstabgeschlossenen Versicherungen ist die gemäß § 65 VAG berechnete Deckungsrückstellung einzustellen, und zwar einschließlich der Deckungsrückstellung für die in Rückdeckung gegebenen Versicherungen (§ 67 VAG)[54]."

Der rückversicherte Anteil des direkten Geschäftes ist aus der Bilanz nicht ersichtlich, da weder die Deckungsrückstellung in der Bilanz entsprechend aufgeteilt wird, noch die Rückversichereranteile aktiviert werden. Im Geschäftsbericht wird der Anteil der Rückversicherer an der Deckungsrückstellung angegeben[55]. Sofern kein indirektes Geschäft bilanziert ist, kann also der abgegebene Anteil des selbstabgeschlossenen Geschäftes ermittelt werden.

Stellt der Rückversicherer Wertpapiere als Sicherheiten, so gehen diese nicht in die Bilanz des Zedenten ein. Der Erstversicherer bedeckt die brutto berechnete Deckungsrückstellung mit einer Forderung gegen den Rückversicherer[56].

Die *Beitragsüberträge* und die *Rückstellungen für noch nicht abgewickelte Versicherungsfälle und Rückkäufe* für das selbstabgeschlossene Geschäft werden bei Bardepotstellung ebenfalls brutto bilanziert[57].

b) bei Schaden- und Unfallversicherungsunternehmen

Während die Bilanz der Lebensversicherer nach dem Bruttoprinzip aufgebaut ist, besteht bei den Schaden- und Unfallversicherern ein Mischsystem. Als Basis hat man das Nettoprinzip gewählt, welches aber an mehreren Stellen durch Brutto- oder Bruttovorspalten-Ausweis durchbrochen wird.

Die *Beitragsüberträge* werden netto bilanziert, wobei der Rückversichereranteil in der Vorspalte ausgewiesen wird. Die auf sie entfallenden äußeren Kosten und die vorausgezahlten Kostenerstattungen an Vorversicherer sind bereits abgesetzt[58].

Die *Schadenrückstellung* wird brutto für die Gesamtrechnung in die Vorspalte eingestellt. Nachdem dort der Anteil der Rückversicherer abgesetzt wurde, erscheint sie netto in der Hauptspalte[59]. Für die Transportversicherung können bei Schaden- und Unfall- und Rückversicherern die Beitragsüberträge und die Schadenrückstellung in einem Betrag als „Schadenrückstellung" ausgewiesen werden, was besonders begründet werden muß[60].

---

[54] REVL Pos. B IV Ziff. 1, S. 11.
[55] Vgl. REVL, Druckbericht Ziff. 23, S. 26.
[56] Vgl. Anmerkung zu § 67 VAG, in: *Prölss*, Erich: Kommentar zum Versicherungsaufsichtsgesetz, S. 526.
[57] Vgl. REVL Pos. B V Abs. 1; REVL Pos. B VI Abs. 3, S. 12.
[58] Vgl. REVSch Pos. B V Abs. 1 und 2, S. 11.
[59] Vgl. ebenda, Abs. 5, S. 12.
[60] Vgl. REVSch Pos. B VI Abs. 7, S. 12.

Die *Deckungsrückstellung* wird unterschiedlich behandelt, je nachdem, ob es sich um direktes oder indirektes Geschäft handelt.

Für die selbstabgeschlossenen Versicherungen wird sie, wie in der Lebensversicherung üblich, brutto verbucht[61].

Die Deckungsrückstellung für übernommene Rückversicherungen wird netto mit Bruttovorspaltenausweis bilanziert[62]. Die retrozedierten Beträge werden als Verbindlichkeit aus einbehaltenen Sicherheiten aufgeführt, soweit dafür Sicherheiten einbehalten wurden[63]. Während sich im Lebensgeschäft die retrozedierten Beträge und die Verbindlichkeit decken, ist dies in der Schaden- und Unfallversicherung oft nicht der Fall, da keine volle Deponierung erforderlich ist.

Die Werte für das selbstabgeschlossene und das übernommene Geschäft werden in der Bilanz zu einem Posten zusammengefaßt.

Alle weiteren technischen Rückstellungen[64] werden netto aufgeführt, wobei meistens aus ihrer Natur eine Beteiligung der Rückversicherer nicht möglich ist.

c) bei Rückversicherungsunternehmen

Die versicherungstechnischen Passiva gehen in die Bilanz der professionellen Rückversicherer nur für eigene Rechnung ein. Vorspaltenangaben über retrozedierte Beträge wie bei den Schaden- und Unfallversicherern unterbleiben.

Bei den Beitragsüberträgen werden auch die Schwankungsrückstellung sowie die Rückstellung für Beitragsrückerstattung erfaßt. Die vorausgezahlten Kosten werden wie bei den Schaden- und Unfallversicherern abgesetzt[65].

2. Der Ausweis in der Konzernbilanz

Da die Schaden- und Unfall- und die professionellen Rückversicherer die technischen Passiva für eigene Rechnung ausweisen, bestehen diesbezüglich keine Umrechnungsschwierigkeiten. Einige Besonderheiten ihres Bilanzausweises müssen aber beachtet werden.

Die Schaden- und Unfall- und die Rückversicherer ziehen im Einzelabschluß die vorausgezahlten äußeren Kosten und Kostenerstattungen an Vorversicherer von den Beitragsüberträgen ab[66]. Die Lebensver-

---

[61] Vgl. REVSch Pos. B IV Ziff. 1, S. 10.
[62] Vgl. ebenda, Ziff. 2, S. 11.
[63] Vgl. REVSch Pos. B XII Ziff. 1 b, S. 13.
[64] Schwankungsrückstellung, Rückstellung für Beitragsrückerstattung, sonstige technische Rückstellungen.
[65] Vgl. REVR Pos. B V, S. 9.
[66] Vgl. S. 55.

sicherer bilanzieren sie ohne Abzug und weisen die vorausgezahlten Kosten unter den aktiven Rechnungsabgrenzungsposten aus[67]. Da beide Verfahren bilanzmäßig zu demselben Ergebnis gelangen, erscheint es möglich sie nebeneinander in der Konzernbilanz zu verwenden.

In der Transportversicherung werden die Beitragsüberträge und die Schadenrückstellung oft in einem Betrag als Schadenrückstellung ausgewiesen[68]. Wird dies bei allen Konzernunternehmen so gehandhabt, kann von einer Trennung in der Konzernbilanz abgesehen werden.

Schwierigkeiten bei der Konsolidierung der Beitragsüberträge ergeben sich, wenn der Rückversicherer sie mit dem Portefeuille-Stornosatz bilanziert. Das ist der Betrag, den der Zessionar bei Auflösung des Rückversicherungsvertrages an den Zedenten zurückerstatten muß.

Die Schaden- und Unfallversicherer weisen die Beitragsüberträge netto aus. Ist der auf den Rückversicherer entfallende rechnungsmäßige Anteil kleiner als der Stornosatz, so muß in der Bilanz des Rückversicherers der letztere Betrag passiviert werden, da für den Fall einer Vertragsauflösung genügend hohe Beträge zurückgestellt werden müssen.

Die Addition der Netto-Beitragsüberträge des Zedenten und des Rückversicherers in der Konzernbilanz ergibt dann einen über dem Brutto-Beitragsübertrag des Erstversicherers liegenden Wert.

Kohlstruck ist der Ansicht, „daß in diesen Fällen der überhöhte Spitzenbetrag nicht zugunsten des Konzerngewinnes aufgelöst werden muß, sondern der addierte Betrag der Beitragsüberträge aus den Einzelbilanzen in die Konzernbilanz übernommen werden kann; denn einmal wird es sich dabei stets um relativ nicht sehr bedeutende Beträge handeln, zum anderen erscheint in der Konzernbilanz der Betrag als Rechnungsabgrenzung, der, konzernmäßig gesehen, aus den Netto-prämien für noch nicht abgelaufene Risikozeiträume reserviert worden ist. Anderenfalls könnte ohnehin nur der aus der Auflösung nach Abzug der darauf ruhenden Steuerbelastung verbleibende Restbetrag zugunsten des Konzerngewinns erfaßt werden"[69].

Eine Vereinheitlichung der Berechnungsverfahren der Beitragsüberträge[70] ist nicht erforderlich, da sie den spezifischen Verhältnissen des Betriebes und der Branche gemäß gewählt werden.

---

[67] Vgl. REVL Pos. B V, S. 12; REVL Pos. A XIX, S. 11.

[68] Vgl. S. 55.

[69] *Kohlstruck*, Joachim Friedrich, a.a.O., S. 223.

[70] en block-Methode, pro rata temporis- und Bruchteilverfahren. Vgl. *Gürtler*, Max: Die Prämienüberträge und Schadensreserven von Rückversicherungsgesellschaften, Sonderdruck aus: Assekuranz-Jahrbuch, Bd. 49, Wien 1930, S. 6.

Es bereitet Schwierigkeiten, die Werte der Lebensversicherer für die Beitragsüberträge, die Rückstellung für noch nicht abgewickelte Versicherungsfälle und Rückkäufe sowie für die Deckungsrückstellung des selbstabgeschlossenen Geschäftes auf eine Nettobasis zu bringen.

Die Posten werden bei Bardepotstellung brutto bilanziert und entsprechend mit Vermögenswerten bedeckt. Eine Saldierung der abgegebenen Beträge müßte zwangsläufig eine willkürliche Herausnahme von Vermögensgegenständen zur Folge haben. Das aber würde den Grundsätzen ordnungsmäßiger Buchführung widersprechen.

Bei den Prämienüberträgen und der Rückstellung für noch nicht abgewickelte Versicherungsfälle und Rückkäufe kann man in der Weise vorgehen, daß man den Vermögensgegenständen die Werte dieser technischen Passiva für den Selbstbehalt gegenüberstellt und den Betrag, der auf abgegebene Versicherungen entfällt, unter die Verbindlichkeiten aus einbehaltenen Sicherheiten aufnimmt. Damit wird bei diesen Posten das Nettoprinzip verwirklicht. Eine Gesamtbetrachtung ergibt jedoch, daß wegen der Bilanzierung der Verbindlichkeiten aus einbehaltenen Sicherheiten für das selbstabgeschlossene Geschäft ein Ausweis für eigene Rechnung nur teilweise erreicht werden kann.

Es bleibt zu prüfen, ob man bei der Deckungsrückstellung ebenso verfahren kann.

Die Rechnungslegungsvorschriften der Einzelbilanzen fordern unter Hinweisauf § 67 VAG einen Bruttoausweis für die *selbstabgeschlossenen* Versicherungen[71].

Fraglich ist, ob die Regelung auch für die Konzernbilanz zwingend ist.

§ 67 VAG selbst ist *keine* Bilanzierungsvorschrift, sondern sagt lediglich etwas über die Art der Berechnung, Aufbewahrung und Verwaltung aus. Das muß aber nicht unbedingt für die Bilanzierung maßgeblich sein. Zweck der Vorschrift ist, daß der Deckungsstock beim Erstversicherer verbleibt. Das wird aber durch einen Nettoausweis der Deckungsrückstellung und eine Passivierung der abgegebenen Beträge des selbstabgeschlossenen Geschäftes unter den Verbindlichkeiten nicht verhindert.

Die Entscheidung, ob ein Bruttoausweis in Anlehnung an § 67 VAG oder ein Nettoausweis der beschriebenen Art erfolgt, hängt also von der Gestaltung der Rechnungslegungsvorschriften für die Konzernbilanz ab.

Im *indirekten* Lebensgeschäft werden die drei großen technischen Passiva überhaupt nicht ausgewiesen, da sie durch Saldierung in den

---

71 Vgl. REVL Pos. B IV Ziff. 1, S. 11; REVSch Pos. B IV Ziff. 1, S. 11.

Einzelbilanzen entfallen[72]. Sie und die bei den Vorversicherern gestellten Sicherheiten müssen mit ihrem Nettowert in die Konzernbilanz aufgenommen werden, damit auch das übernommene Geschäft im konsolidierten Jahresabschluß erscheint.

IV. Die Konsolidierung der übrigen Rückstellungen

Den Erstversicherern stehen zwei Wege offen, um unerwartet hohe Schadenquoten abzufangen. Sie können sowohl ihren Bestand rückversichern, als auch den Eigenbehalt durch Bildung einer Schwankungsrückstellung schützen.

Diese ist dazu bestimmt, den schwankenden Jahresbedarf an Versicherungsleistungen, welcher nach passiver Rückversicherung noch verbleibt, möglichst auszugleichen. Aus ihrer Funktion ergibt sich, daß sie nur für eigene Rechnung zu bilden und zu bilanzieren ist.

Die Schaden- und Unfall- und die Rückversicherer bilden eine Schwankungsrückstellung, deren zulässige Höhe sich aus einer Anordnung des Aufsichtsamtes ergibt[73].

Die professionellen Rückversicherer weisen die Rückstellung zusammen mit der Rückstellung für Beitragsrückerstattung in einer Position unter den Beitragsüberträgen für eigene Rechnung aus[74].

Geht man an die Konsolidierung der Schwankungsrückstellung, so muß man sie zunächst aus den Beitragsüberträgen des Rückversicherers herausnehmen. Durch Addition der Rückstellungen der Schaden- und Unfallversicherer wird der Wert für die Konzernbilanz erhalten.

Eine Rückstellung für Beitragsrückerstattung weisen sowohl Lebens-, als auch Schaden- und Unfall- und Rückversicherer aus.

Die ersteren bilden die Rückstellung für das selbstabgeschlossene Geschäft. Eine Beteiligung des Rückversicherers ist selten. Bei den beiden letzteren werden hier die Werte für die Beitragsrückerstattung in der Kraftfahrzeughaftpflicht- und -kaskoversicherung aufgeführt[75]. Sie wird für das selbstabgeschlossene und übernommene Geschäft abzüglich eines eventuellen Anteils der Rückversicherer ausgewiesen[76].

---

[72] Vgl. S. 53 f.

[73] Vgl. S. 44.

[74] Vgl. S. 56.

[75] Die Rückstellung für satzungsmäßige Beitragsrückgewähr ist in der Schaden- und Unfallversicherung ohne praktische Bedeutung.

[76] Vgl. *Jäger*, Alfred und Hermann *Weihmüller:* Wesen und Prüfung der versicherungstechnischen Posten des Jahresabschlusses, in: Rechnungslegung und Prüfung der Versicherungsunternehmen, hrsg. vom Institut der Wirtschaftsprüfer in Deutschland e.V., Düsseldorf 1959, S. 130.

Voraussetzung dazu ist, daß eine Beteiligung des Rückversicherers an der Beitragsrückerstattung besteht, was einer vertraglichen Vereinbarung zwischen ihm und dem Zedenten vorbehalten bleibt[77].

Die Rückstellungen aus den Einzelbilanzen sind zu addieren. Sofern konzerninterne Rückversichereranteile bestehen, müssen sie saldiert werden. Der so entstandene Betrag wird in die Konzernbilanz eingestellt.

Neben den bisher erwähnten findet man in den verschiedenen Arten von Versicherungsbilanzen eine Vielzahl technischer Rückstellungen, welche nach Art und Höhe wenig bedeutsam sind, so die Vermißtenrückstellung, die Verwaltungskostenrückstellung für beitragsfreie Versicherungsjahre, die Rückstellung für Spätschäden, die Rückstellung für Schadenbearbeitungskosten (in der Lebensversicherung unter „sonstige allgemeine Rückstellungen"), die Rückstellung für Abschlußkosten (Lebensversicherung) und die Rückstellung aus der Währungsumstellung. Sie werden der Klarheit und Übersichtlichkeit halber unter die sonstigen technischen Rückstellungen der Konzernbilanz aufgenommen (Pos. B III 1 f.).

Die allgemeinen Rückstellungen (Pos. B III 2) enthalten in der Hauptsache die Pensionsrückstellung sowie die Steuer-, Prozeßkosten- u. a. Rückstellungen.

V. Die Konsolidierung der Forderungen und Verbindlichkeiten aus Versicherungsverträgen

1. Der Ausweis in den Einzelbilanzen

In den Einzelbilanzen der Versicherungsunternehmen werden die Forderungen und Verbindlichkeiten getrennt aufgeführt in solche an verbundene Unternehmen und an Versicherungsunternehmen, die nicht verbundene Unternehmen sind.

Die *Lebensversicherer* weisen dabei die Unterpositionen

(a) aus dem Rückversicherungsverkehr

(b) sonstige Forderungen bzw. Verbindlichkeiten

aus.

Unter (a) findet man die beim Vorversicherer bzw. vom Rückversicherer gestellten Sicherheiten allgemeiner Art sowie Forderungen bzw. Verbindlichkeiten aus Abrechnungssalden im Rückversicherungsverkehr („auszugleichende Beträge")[78].

---

[77] Vgl. *Bilke*, Günter und Erwin *Kirchner:* Die Spartenerfolgsrechnung der Schaden- und Unfallversicherungsunternehmen, in: Rechnungslegung und Prüfung der Versicherungsunternehmen, S. 198.

[78] Vgl. REVL Pos. A X, Formular 1 a, S. 9.

Unter (b) erscheinen die Salden des Abrechnungsverkehrs, der nicht zur Rückversicherung gehört (Mitversicherungs- und Beteiligungsgeschäft), evtl. auch (konzerninterne) Darlehen. Weiterhin werden hier Beträge erfaßt, die aus Saldenzinsen entstanden sind oder aus der Kostenverteilung beim Betrieb einer gemeinsamen Außenorganisation anfallen. Bei den Forderungen bzw. Verbindlichkeiten gegenüber verbundenen Unternehmen werden hier auch die Werte aufgeführt, welche gegenüber branchenfremden Unternehmen existieren.

Die Schaden- und Unfallversicherer gliedern die Hauptposition auf in:

(a) bei den Vorversicherern gestellte Sicherheiten bzw. einbehaltene Sicherheiten aus dem Rückversicherungsverkehr

(b) sonstige Forderungen bzw. Verbindlichkeiten.

Unter (a) findet man die bei den Vorversicherern (Forderungen) bzw. von Rückversicherern (Verbindlichkeiten) gestellten Sicherheiten aus dem übernommenen Lebensgeschäft sowie die Werte im Zusammenhang mit dem indirekten Haftpflicht- und Unfallgeschäft.

Die Unterposition (b) enthält die Beträge des gesamten Abrechnungsverkehrs[79].

Die *professionellen Rückversicherer* verfahren wie die Schaden- und Unfallversicherer im direkten Geschäft[80]. Sie ersetzen unter den Forderungen das Wort „Vorversicherer" durch „Zedenten".

2. Der Ausweis in der Konzernbilanz

Um Doppelerfassungen zu vermeiden, sind in den Einzelbilanzen die konzerninternen Forderungen und Verbindlichkeiten zu saldieren.

Unter den Forderungen und Verbindlichkeiten gegenüber *verbundenen Versicherungsunternehmen* verbleiben die Beträge, welche auf Konzernunternehmen entfallen, die *nicht* im konsolidierten Jahresabschluß enthalten sind. Sie werden ebenso wie die Beträge für *nicht verbundene Versicherungsunternehmen* als Unterposition unter die „Forderungen bzw. Verbindlichkeiten aus Versicherungsverträgen" (Pos. A III 1 und 2 bzw. Pos. B III 3 a und b) eingestellt.

Die den *übrigen verbundenen Unternehmen* zuzurechnenden Werte müssen unter den sonstigen Aktiva bzw. Passiva erfaßt werden[81].

Die Aufteilung der Forderungen und Verbindlichkeiten gegenüber Versicherungsunternehmen soll in der Konzernbilanz, wie bei den

---

[79] Vgl. REVSch Formular I ö, Pos. A IX, 1 a, S. 150.
[80] Vgl. REVR R Formular I ö, Pos. A VIII, 1 a, S. 2.
[81] Vgl. S. 40.

Schaden- und Unfall- und Rückversicherern üblich, nach gestellten bzw. erhaltenen Sicherheiten und sonstigen Forderungen und Verpflichtungen getrennt vorgenommen werden.

Der Umfang der Verbindlichkeiten hängt von der Auslegung des § 67 VAG ab[82]. Sieht man ihn *nicht* als für die Bilanzierung maßgeblich an, so kann die *Deckungsrückstellung für selbstabgeschlossene Versicherungen* netto ausgewiesen werden. Der Anteil der Rückversicherer muß dann unter die Verbindlichkeiten aus einbehaltenen Sicherheiten aufgenommen werden.

Folgt man hinsichtlich § 67 VAG der bisherigen Lösung, so werden die in Rückdeckung gegebenen Beträge nicht unter den Verbindlichkeiten ausgewiesen, da die Deckungsrückstellung für selbstabgeschlossene Versicherungen brutto aufgeführt wird.

Im folgenden soll untersucht werden, welchen Umfang die Forderungen bzw. Verbindlichkeiten, die der *Deckungsrückstellung für das indirekte Geschäft* entsprechen, in der Konzernbilanz haben.

Ebenso wie die (Netto-)Deckungsrückstellung für übernommene Versicherungen aus der Lebensversicherung muß die zugehörige Depotforderung (netto) in die Konzernbilanz aufgenommen werden, um das indirekte Geschäft ersichtlich zu machen[83].

Die Sach- und Rückversicherer weisen als Gegenposten zu den Forderungen für einbehaltene Sicherheiten die Deckungsrückstellung für übernommene Versicherungen für eigene Rechnung und für das abgegebene Geschäft eine Verbindlichkeit aus einbehaltenen Sicherheiten aus. Soweit es sich hierbei um konzerninterne Forderungen und Verbindlichkeiten handelt, müssen sie gegeneinander aufgerechnet werden. Eine weitere Saldierung der (konzernexternen Verbindlichkeiten für einbehaltene Sicherheiten gegen die Forderungen aus gestellten Sicherheiten ist nicht möglich, da Gläubiger und Schuldner nicht die gleiche Person sind (Saldierungsverbot von Forderungen und Verbindlichkeiten in § 152 Abs. 8 AktG).

Im übrigen müssen unter diesem Posten noch die Forderungen bzw. Verbindlichkeiten aus der Stellung von Sicherheiten allgemeiner Art ausgewiesen werden.

Die Unterposition (b) enthält die Werte aus dem laufenden Abrechnungsverkehr mit nicht konsolidierten, verbundenen Versicherern.

Die Werte der Forderungen bzw. Verbindlichkeiten gegenüber Vertretern und Versicherungsnehmern aus den Einzelbilanzen werden —

---

[82] Vgl. S. 58.
[83] Vgl. ebenda.

jeweils für sich — addiert und unter die Pos. A III 3 bzw. B III 3 c[84] in die konsolidierte Bilanz eingestellt. In diese Forderungen können auch die technisch gestundeten Beiträge aus der Lebensversicherung einbezogen werden, um damit die Bildung einer zusätzlichen Position zu vermeiden.

VI. Die Konsolidierung der übrigen Bilanzpositionen

Die noch nicht behandelten Posten der Einzelbilanzen werden unter Berücksichtigung ihrer Bezeichnung addiert.

Die in den Einzelbilanzen in den Positionen „Wertpapiere" enthaltenen Aktien und anderen Anteilspapiere sind mit den Grundstücken und den konsolidierten Beteiligungen unter die *Anlagen mit Substanzwertcharakter* aufzunehmen (Pos. A II 1 a). Die Hypotheken-, Grund- und Rentenschuldforderungen, die Schuldscheinforderungen und Darlehen[85], die Schuldbuchforderungen gegen den Bund und die Länder, die Policedarlehen und die übrigen Wertpapiere werden bei den *Anlagen mit Nominalwertcharakter* erfaßt (Pos. A II 1 b).

Unter die Darlehen können auch Festgeldguthaben bei Geld- und Kreditinstituten eingestellt werden, damit eine Abgrenzung der liquiden Anlagen erreicht wird.

Sind in den Wechseln, Schecks, den Zins- und Mietforderungen konzerninterne Werte enthalten, so müssen sie gegen die sonstigen Passiva des Schuldners saldiert werden, da er die entsprechenden Verbindlichkeiten dort ausweist[86].

Die Wechsel und Schecks gehen mit den (Sicht-)Guthaben bei Geld- und Kreditinstituten, den Bundesbank-, Postscheckguthaben und dem Kassenbestand in die *liquiden Anlagen* ein (Pos. A II 2).

Die Forderungen aus Krediten nach § 89 und § 115 AktG, die Zins- und Mietforderungen, die Betriebseinrichtung und die sonstigen Aktiva[87] erscheinen unter den *übrigen Vermögensposten* (Pos. A IV).

Auf die *Passivseite* der Konzernbilanz gehören die Sonderposten mit Rücklagenanteil (§ 152 Abs. 5 AktG) der Obergesellschaft sowie die summierten Beträge der Wertberichtigungen und sonstigen Passiva der Einzelbilanzen.

---

[84] Vgl. S. 39.

[85] Konzerninterne Werte sind zu eliminieren.

[86] Vgl. REVL Pos. B XIV, S. 14; RESch Pos. B IX, S. 14; REVR Pos. B IX, S. 11

[87] Hierin müssen die Forderungen gegenüber verbundenen, branchenfremden Unternehmen einbezogen werden. Analoges gilt für die sonstigen Passiva (vgl. S. 40).

Die Rückgriffsforderungen bzw. Verbindlichkeiten aus Bürgschaften und Gewährleistungsverträgen der Einzelbilanzen werden postenweise addiert. Sind sie durch Inanspruchnahme innerhalb des Konsolidierungskreises entstanden, bedarf es einer Aufrechnung der entsprechenden Werte. Der verbleibende Betrag wird in die Vorspalte der Konzernbilanz eingesetzt.

Unter den Rechnungsabgrenzungsposten werden die im voraus gezahlten bzw. erhaltenen Zinsen, Mieten und Gehälter sowie die auf den Beitragsüberträgen der Lebensversicherer ruhenden vorausgezahlten äußeren Kosten und Kostenerstattungen an Vorversicherer aufgeführt. Entsprechend werden die im Lebensgeschäft von den Rückversicherern im voraus erhaltenen Kostenerstattungen unter die passiven Rechnungsabgrenzungsposten eingestellt.

Eliminiert man aus den summierten aktiven und passiven Rechnungsabgrenzungsposten die konzerninternen Beträge, so können sie in die Konzernbilanz eingestellt werden.

Die Differenz aus den Summen der konsolidierten Aktiva und Passiva ist der Konzerngewinn.

Nachrichtliche Vermerke bezüglich der Richtigkeit der Berechnung der Deckungsrückstellung für selbstabgeschlossene Versicherungen sowie der Anlage und Aufbewahrung der entsprechenden Werte des Deckungsstocks mit Unterzeichnung des Sachverständigen und des Treuhänders erscheinen für die Konzernbilanz entbehrlich. Die Höhe des Deckungsstockvermögens kann im Konzerngeschäftsbericht angegeben werden.

F. Die Aufstellung der Konzernerfolgsrechnung

I. Die Form der Konzernerfolgsrechnung

1. Die allgemeinen Gestaltungsgrundsätze

a) Konto- und Staffelform

Das Aktiengesetz sieht gemäß § 157 und § 333 Abs. 2 für die Einzel-
und die Konzernerfolgsrechnung die Staffelform vor. In den vom
Gesamtverband herausgegebenen Mustern für die Gestaltung der
Konzernrechnungslegung wird dagegen weiterhin die Kontoform verwendet[1].

Durch eine fortlaufende Aneinanderreihung der Posten wird aber
dem Betrachter ein müheloserer Einblick in das Entstehen des Ge-
schäftsergebnisses geboten, als es bei einer Darstellung in Kontoform
der Fall ist. Es erscheint deshalb empfehlenswert, die Staffelform für
die Konzernerfolgrechnung zu verwenden.

b) Umsatz-, Umsatzsaldo- und Erfolgsprinzip

Beim Umsatzprinzip werden die technischen Passiva „zunächst in
voller Höhe unter der Position ‚Überträge aus dem Vorjahr' in der
GuV-Rechnung ‚vereinnahmt', und die jeweils auf den Bilanzstichtag
des Berichtsjahres neu berechneten technischen Posten werden zum
Ausgleich ebenfalls in voller Höhe über die entsprechenden Ausgabe-
posten wieder ‚verausgabt'"[2]. Dadurch, daß die technischen Passiva die
Erfolgsrechnung in voller Höhe durchlaufen, wird ihr Zahlenwerk
um Werte vergrößert, die auch dem Geschäftsbericht entnommen werden
können[3]. Eine solche Doppelinformation erscheint nicht notwendig.

Durch Anwendung des Umsatzsaldoprinzips oder des (reinen) Erfolgsprinzips wird eine derartige Doppelinformation und Aufblähung der
Erfolgsrechnung vermieden. Erstes „fußt in seiner Konzeption auf

---

[1] Vgl. Anhang S. 148 ff.

[2] *Welzel*, Hans-Joachim: Umsatz- oder Erfolgsprinzip? Zur Neugestaltung
der Erfolgsrechnung für Versicherungsunternehmen, in: Versicherungswirtschaft, 23. Jg., 1968, Sonderbeilage zu Heft 15, S. 943.

[3] In den Geschäftsberichten werden in den Erläuterungen zu den Bilanzposten die technischen Passiva mit dem Vorjahres- und dem Jahresend-
bestand aufgeführt.

dem Umsatzprinzip. Es stellt dieses in (durch Saldierung) verkürzter Form dar. Es erscheint in der GuV-Rechnung nurmehr die Differenz zwischen dem jeweiligen Vorjahresendbestand der technischen Passiven und ihrem Bestand zum Bilanzstichtag. Eine Bestandszunahme wird dabei auf der Ausgabenseite und eine Minderung entsprechend auf der Einnahmeseite aufgeführt"[4].

Bei einem Ausweis nach dem reinen Erfolgsprinzip gehen Aufwendungen und Erträge in die Gewinn- und Verlustrechnung ein, also nur periodifizierte Einnahmen und Ausgaben. „Alle Ausgaben und Einnahmen, die wirtschaftlich spätere Perioden betreffen (z. B. Provisionsvorauszahlungen bzw. Prämieneinnahmen für über den Bilanzstichtag hinausreichende Zeiträume)", werden „außerhalb der GuV-Rechnung auf den jeweiligen Einzelkonten durch entsprechende Abgrenzungsbuchungen der Bilanz zugewiesen. Sie sind später erfolgswirksam aufzulösen"[5].

Nach Welzel besteht für die Einzelerfolgsrechnung kaum Aussicht auf eine Verwirklichung des Erfolgsprinzips, weil dadurch eine Harmonisierung der Rechnungslegung der Versicherungsunternehmen in der Europäischen Wirtschaftsgemeinschaft verhindert würde[6]. „Insbesondere Frankreich ... würde einer so radikalen Abkehr von den traditionellen Systemen kaum zustimmen, zumal auch in den übrigen Ländern der Wirtschaftsgemeinschaft das Erfolgsprinzip dynamischer Prägung in der Rechnungslegung der Versicherungsunternehmen nicht anzutreffen ist. Demgegenüber hat das in der anstehenden Reform der ReV vorgesehene Umsatzsaldoprinzip, das z. T. im Ausland bereits angewandt wird (z. B. Niederlande), als gemeinsamer Nenner eine große Chance[7]." Es wurde daher auch bei dem nachstehenden Gliederungsvorschlag für die Konzernerfolgsrechnung angewandt[8].

c) Ungeteilte oder Spartenerfolgsrechnung

Während in der Lebensversicherung und bei der verkürzten Konzernerfolgsrechnung die Gewinn- und Verlustrechnung eine Einheit bildet, wird bei Schaden- und Unfall- und Rückversicherern die Erfolgsrechnung in einen technischen und einen nichttechnischen Teil zerlegt. Durch die Unterteilung will man die Posten, welche mit dem eigentlichen Versicherungsgeschäft zusammenhängen (technisches Geschäft), von den nichttechnischen absondern.

---

[4] *Welzel*, Hans-Joachim, a.a.O., S. 943.

[5] Ebenda, S. 944.

[6] Vgl. ebenda, S. 948.

[7] Ebenda.

[8] Vgl. S. 70 f.

Gegen eine zweigeteilte Erfolgsrechnung kann man folgende Argumente anführen:

(1) Die Unterteilung der Erfolgsrechnung ist lediglich die Folge der mangelnden Zurechenbarkeit der Positionen des nichttechnischen Teils auf die einzelnen Versicherungszweige. Die Tatsache, daß zur Verteilung kein geeigneter Schlüssel existiert, kann nicht zu der Behauptung benutzt werden, die Werte seien nicht durch den Versicherungsbetrieb verursacht.

(2) Für die Verbuchung der Aufwendungen für Altersversorgung besteht ein Wahlrecht in der Belastung des technischen oder nichttechnischen Geschäftes[9], [10].

Durch einen Wechsel der Verrechnungsweise kann das Ergebnis des technischen bzw. nichttechnischen Geschäftes manipuliert werden.

(3) Durch die Verrechnung der Steuern und öffentlichen Abgaben in der nichttechnischen Erfolgsrechnung schließt letztere meist mit einem sehr bescheidenen Gewinn, oft auch mit einem Verlust ab. Es läßt sich dabei „recht deutlich eine negative Korrelation zwischen der Höhe dieses ‚nichttechnischen Verlustes‘ und dem Überschuß der technischen Rechnung feststellen, die durch die gewinnabhängigen Steuern verursacht wird"[11]. Wenn nämlich die technische Erfolgsrechnung mit einem besonders guten Ergebnis abschließt, wird die nichttechnische wegen der daraus entstehenden Steuerbelastung besonders schlecht abschließen und umgekehrt.

Eine Trennung der Konzernerfolgsrechnung in einen technischen und einen nichttechnischen Teil erscheint daher nicht empfehlenswert.

Eine Aufteilung der konsolidierten Erfolgsrechnung nach Versicherungszweigen, wie bei Schaden- und Unfall- und Rückversicherern üblich, kann entfallen, da eine Aufschlüsselung der Zahlen nach Kostenträgern nicht Sinn der Erfolgsermittlung ist. Zudem erscheint es fraglich, ob durch Aufführung der Werte der einzelnen Zweige dem Grundsatz der Klarheit und Übersichtlichkeit der Erfolgsrechnung gedient ist. Diese Informationen können unseres Erachtens in den Konzerngeschäftsbericht verlegt werden, ohne daß dadurch der Aussagewert beeinträchtigt wird.

d) Direktes und indirektes Geschäft

Eine Trennung der wesentlichen versicherungstechnischen Aufwands- und Ertragsgrößen nach selbstabgeschlossenem und übernomenem Ge-

---

[9] Vgl. REVSch Pos. B XIV Abs. 3, S. 19; Pos. B VIII Abs. 1, S. 22.
[10] Das bedarf allerdings der Genehmigung der Aufsicht.
[11] *Braeß*, Paul und Dieter *Farny*: Externe Erfolgsanalyse (Schaden- und Unfall- und Rückversicherung), S. II.

schäft — wie in der Lebensversicherung — sollte in der Konzernerfolgsrechnung ebenso wie in der Konzernbilanz aus Gründen der Übersichtlichkeit nicht erfolgen.

Damit der Aussagewert des konsolidierten Jahresabschlusses nicht eingeschränkt wird, soll diese Aufgabe dem Konzerngeschäftsbericht zugewiesen werden.

2. Die Darstellung und Kritik der verkürzten Konzernerfolgsrechnung

Für die Konzernerfolgsrechnung kann gemäß § 333 Abs. 1 AktG eine vereinfachte Form verwendet werden, sofern konzerninterne Aufwendungen und Erträge verrechnet oder als Bestandsänderungen oder andere aktivierte Eigenleistungen ausgewiesen wurden.

Von dieser Möglichkeit hat die Versicherungswirtschaft für die bisher veröffentlichten konsolidierten Erfolgsrechnungen Gebrauch gemacht und in Anlehnung an § 333 Abs. 2 AktG eine Gliederung für die Konzernerfolgsrechnung entwickelt[12].

Dieser schon von der Anzahl der Positionen her dürftigen Rechnung wird ein Geschäftsbericht beigefügt, der die Aussage über die Zusammensetzung des Konzernerfolges nur unzureichend verbessert.

In der verkürzten Konzernerfolgsrechnung werden mit Ausnahme der Beitragseinnahmen und der Vermögenserträge die wesentlichen versicherungstechnischen Einnahmen und Ausgaben, wie Leistungen für Versicherungsfälle, Veränderungen der technischen Passiva und Betriebskosten, gegeneinander aufgerechnet. Der Saldo wird in die Pos. B II (nicht gesondert auszuweisende Aufwendungen einschl. Veränderung der technischen Rückstellungen) eingestellt.

Im einzelnen werden folgende Posten dort saldiert:
— Leistungen für Versicherungsfälle einschließlich zurückgestellter Beträge (REVL B II, REVSch B I, REVR B I und REVR B IV)
— Leistungen für vorzeitig aufgelöste Versicherungsverträge (Rückkäufe) einschließlich zurückgestellter Beträge (REVL B III)
— Schadenbearbeitungskosten einschließlich zurückgestellter Beträge (REVL B IV, REVSch B II)
— Aufwendungen zur Schadenverhütung und Schadenbekämpfung (REVSch B III)
— Rückversicherungs-/Retrozessionsbeiträge (REVL B VII, REVSch B IV, REVR B II)

---

[12] Vgl. Anhang S. 148 ff.

— Aufwendungen für übernommene Rückversicherungen (REVL B VI)
— Beitragsrückerstattung an die Versicherungsnehmer (REVL B V, REVSch B V 1)
— Verwaltungs- und Abschlußkosten (REVL B VIII, REVL B IX und REVL B XV, REVSch B VI und B IIn, REVR B III und B IIn)
— Kosten der Vermögensverwaltung (abgesetzt bei REVL A V, REVSch A IV, REVSch A IIn)
— Deckungsrückstellung (REVL B XIV, REVSch B IX, REVR B IV)
— Beitragsüberträge (REVL B XVI, REVSch B X, REVR B V)
— Schwankungsrückstellung (REVSch B XI)
— Sonstige technische Rückstellungen (REVL B XVIII)
— Atomanlagen-Rücklage (REVSch B XI a)
— Rückstellung für Beitragsrückerstattung (REVL B XVII, REVSch B XII 1)
— Rückstellung für die gesetzliche Beitragsrückvergütung in der Kraftfahrversicherung (REVSch B XII 2)
— Vergütungen an Rückversicherer (REVSch B XIII)
— Zinsaufwendung für in Rückdeckung gegebene Versicherungen (ausgewiesen unter REVL B XII) und gutgeschriebene Gewinnanteile (ausgewiesen unter REVL B XII)
— Zuweisungen an Rückstellungen, soweit nicht in anderen Positionen auszuweisen (REVL B XIX, REVSch B VIIn, REVR B VIn)
— Sonstige Ausgaben (REVL B XX, REVSch B XIV, REVSch B VIIIn, REVR B VII, REVR B VIIn)

abzüglich:

— Überträge aus dem Vorjahr (REVL A II, REVSch A I, REVR A I)
— Vergütungen/Leistungen der Rückversicherer (REVL A VII, REVSch A VI)[13].

Eine Addition und Saldierung der vorstehenden Einnahmen und Ausgaben führt zum Ausweis eines einzigen Gesamtpostens. Da auf seine Zusammensetzung in den Geschäftsberichten nicht eingegangen wird[14], hat die Konzernpublizität an dieser Stelle eine beachtliche Lücke.

---

[13] Vgl. Gesamtverband der Versicherungswirtschaft e.V.: Erläuterungen zur Konzern-Gewinn und Verlustrechnung für die Übergangszeit (unter Einbeziehung der Lebensversicherung), Anlage zum Rundschreiben, Tgb. Nr. 136/68, Köln 1968, S. 3 f.

[14] Vgl. Allianz-Versicherungs-A.G., Konzernabschluß 1969, S. 60; Victoria Lebens-Versicherungs-A.G., Konzernabschluß 1969, S. 17,

Die derzeitige Gliederung der Konzernerfolgsrechnung wird daher als Zwischenlösung angesehen. Eine endgültige Fassung soll nach der Reform der Rechnungslegung für die Einzelabschlüsse erfolgen[15].

3. Die Gliederung der unverkürzten Konzernerfolgsrechnung

Eine Orientierung der Gliederung einer unverkürzten konsolidierten Erfolgsrechnung in Anlehnung an die gegenwärtigen Einzelabschlüsse erscheint wegen der damit verbundenen Nachteile (Umsatzprinzip, Kontoform, Zweiteilung, Spartenrechnung) wenig sinnvoll. Statt dessen wird der folgende Vorschlag für eine Konzernerfolgsrechnung (Staffelform) unter Einbeziehung der Lebens-, Schaden- und Unfall- und Rückversicherer unterbreitet, welcher die vorangegangenen Postulate verwirklichen[16] und die Erkenntnisse der Erfolgsanalytik berücksichtigen soll.

KONZERNERFOLGSRECHNUNG

        1. Prämieneinnahmen einschl. Nebenleistungen

±   2. Veränderung des Prämienübertrags für eigene Rechnung

—   3. Rückversicherungsprämie

= I.   Verdiente Prämie für eigene Rechnung

        4. Leistungen für Versicherungsfälle einschl. Veränderung der Schadenrückstellung für eigene Rechnung

±   5. Veränderung der Deckungsrückstellung für eigene Rechnung

= IIa.   Versicherungsleistungen zu Lasten des Geschäftsjahres für eigene Rechnung

±   6. Veränderung der Schwankungsrückstellung

±   7. Veränderung der übrigen technischen Rückstellungen, soweit nicht unter Nr. 8 auszuweisen

= IIb.   Leistungen für Versicherungsfälle und Veränderungen der technischen Passiva für eigene Rechnung

        8. Schadenbearbeitungskosten einschl. Veränderung der Rückstellung für Schadenbearbeitungskosten für eigene Rechnung

+   9. Provisionen für eigene Rechnung

+ 10. Verwaltungskosten für eigene Rechnung

+ 11. Soziale Aufwendungen, soweit nicht unter anderen Posten auszuweisen

= III.   Betriebskosten für eigene Rechnung

      12. Erträge aus Vermögensanlagen

+ 13. Gewinne aus Vermögensanlagen

— 14. Verluste aus Vermögensanlagen

---

[15] Vgl. Gesamtverband der Versicherungswirtschaft e.V., Rundschreiben Tgb. Nr. 136/68, S. 5 f.

[16] Vgl. S. 65 ff.

— 15. Zinsaufwendungen

— 16. Abschreibungen und Wertberichtigungen auf Vermögensanlagen

— 17. Kosten der Vermögensverwaltung

= IV. Ergebnis der Vermögensverwaltung

18. Erträge aus Zuschreibungen

+ 19. Erträge aus der Auflösung von Wertberichtigungen und allgemeinen Rückstellungen

+ 20. Sonstige Erträge

— 21. Abschreibungen und Wertberichtigungen, soweit nicht unter Nr. 16 erfaßt

— 22. Aufwendungen aus der Übernahme eines nicht in den Konzernabschluß einbezogenen Unternehmens

— 23. Sonstige Aufwendungen

= V. Restergebnis

— 24. Aufwendungen für Beitragsrückerstattung

— 25. Steuern
    a) vom Einkommen, Ertrag und Vermögen
    b) sonstige Steuern und Abgaben

= VI. Jahresüberschuß/Jahresfehlbetrag

+ 26. Gewinnvortrag/Verlustvortrag

+ 27. Entnahmen aus offenen Rücklagen

— 28. Einstellung in offene Rücklagen

± 29. Konzernfremden Gesellschaftern zustehender Gewinn / Auf konzernfremde Gesellschafter entfallender Verlust

= VII. Konzerngewinn/Konzernverlust

Diese Gliederung hat den Vorteil, daß dem Betrachter die Hauptkomponenten des Erfolges blockweise vor Augen geführt werden, nämlich die abgegrenzte Eigenbehaltsprämie (Pos. I), die Versicherungsleistungen zu Lasten des Geschäftsjahres (Pos. II a), die Versicherungsleistungen im weiteren Sinne (Pos. II b), die Betriebskosten (Pos. III) und das Ergebnis der Vermögensverwaltung (Pos. IV).

Ferner wird er auf den Jahresüberschuß (Pos. VI) aufmerksam gemacht, der einen besseren Schluß auf die Rentabilität erlaubt, als der Konzerngewinn, da letzterer kein primäres Erfolgsergebnis darstellt, sondern das Resultat der Gewinnverteilung ist.

Die Positionen 18—23 wurden von uns als „Restergebnis" (Pos. V) zusammengefaßt. Der Ausdruck „neutrales Ergebnis" erscheint hier nicht verwendbar, da sich dieses aus der Differenz der betriebsfremden und außerordentlichen Aufwendungen und Erträge ergibt.

Von den außerordentlichen Aufwendungen und Erträgen wurden aber die Gewinne und Verluste aus Vermögensanlagen bereits im „Ergebnis der Vermögensverwaltung" berücksichtigt.

Unter betriebsfremden Aufwendungen bzw. Erträgen versteht man solche, die nicht zur Erreichung des Betriebszweckes, sondern für Nebenzwecke anfallen. Der überwiegende Teil des Restergebnisses ist jedoch nicht betriebsfremd, sondern erscheint hier wegen mangelnder Verteilbarkeit auf die Hauptposten I—IV.

Eine Bezeichnung als „nichttechnisches Ergebnis" scheidet auch aus, da ein großer Teil der Werte in direktem Zusammenhang zur Erstellung des Gutes „Versicherungsschutz" steht und lediglich wegen der fehlenden Zurechenbarkeit hier erfaßt wird.

Im vorstehenden Gliederungsvorschlag wird von einer Aufteilung nach selbstabgeschlossenem und übernommenem Geschäft abgesehen, damit nicht eine weitere Vermehrung der Postenanzahl erfolgt. Angaben über das direkte und indirekte Geschäft bleiben dem Geschäftsbericht vorbehalten[17].

II. Die Konsolidierung der Prämieneinnahmen und der Rückversicherungsbeiträge

Die Prämieneinnahmen werden sowohl in den *Einzelabschlüssen* der Erstversicherer als in denen der Rückversicherer brutto aufgeführt, also ohne Kürzung um Anteile für in Rückdeckung gegebene Versicherungen. Eine Kürzung der Betragseinnahmen um die Beitragsrückgewähr (Gewinnanteile), Verwaltungskosten, Gebühren jeder Art ist unzulässig[18].

Die Erstversicherer weisen die Nebenleistungen der Versicherungsnehmer von den Beiträgen getrennt in einem besonderen Posten aus. Die Rückversicherer können von den Prämien die Ausgaben für Beitragsrückerstattung an Versicherungsnehmer absetzen[19].

In den Druckberichten der Lebensversicherungsunternehmen werden die Prämien in der Vorspalte nach selbstabgeschlossenen und übernommenen Versicherungen aufgeteilt. Die Schaden- und Unfallversicherer fassen die beiden Werte zusammen.

Nimmt ein Versicherungsunternehmen Rückdeckung, so werden seine Leistungen dafür unter der Pos. „Rückversicherungsbeiträge" verausgabt. Der Rückversicherer bucht den Betrag unter den Prämieneinnahmen.

---

[17] Vgl. S. 94.
[18] Vgl. REVL Pos. A III Abs. 1, S. 15; REVSch Pos. A II Abs. 1, S. 17; REVR Pos. A II Abs. 1, S. 13.
[19] Vgl. REVR Pos. A II Abs. 3, S. 13.

Zum Zwecke der *Konsolidierung* addiert man sämtliche Prämieneinnahmen einschließlich der Nebenleistungen der Versicherungsnehmer sowie sämtliche Rückversicherungsprämien der Konzernunternehmen getrennt voneinander.

Den Beitragseinnahmen der Rückversicherer müssen vorher die an die Vorversicherer gezahlten Leistungen für deren Beitragsrückerstattung zugesetzt werden, weil sie im Einzelabschluß gegen die Prämien saldiert wurden. Danach rechnet man die konzernintern gezahlten Rückversicherungsbeiträge gegen die entsprechenden Beitragseinnahmen (aus dem aktiven Rückversicherungsgeschäft) auf.

Die verbleibenden Werte stellen die Konzernprämieneinnahme bzw. die Rückversicherungsprämien dar, welche auf Versicherungsunternehmen, die nicht in die Konsolidierung einbezogen sind, entfallen.

III. Die Konsolidierung der Leistungen
für Versicherungsfälle

In der *Lebensversicherung* erfolgt der Ausweis der Versicherungsleistungen nach der Bruttomethode. Für das selbstabgeschlossene Geschäft erscheinen sie unter den „Leistungen für Versicherungsfälle" (Pos. B II), für das indirekte Geschäft unter den „Aufwendungen für übernommene Rückversicherungen" (Pos. B VI 2 a). Die darauf entfallenden Erstattungen aus der passiven Rückversicherung werden unter den „Leistungen der Rückversicherer" (Pos. A VII 2 a) vereinnahmt. In einem weiteren Posten werden die Leistungen für vorzeitig aufgelöste Versicherungsverträge (Rückkäufe) ausgewiesen (Pos. B III).

Die *Schaden- und Unfallversicherer* weisen die Leistungen für Versicherungsfälle für das Gesamtgeschäft wie die *Rückversicherer*, also gekürzt um die Anteile der Rückversicherer, aus[20].

Zur Ermittlung des Betrages für die *konsolidierte Erfolgsrechnung* werden zunächst die Posten der Lebensversicherer umgerechnet. Die „Leistungen der Rückversicherer" (für Versicherungsfälle) werden gegen die „Leistungen für Versicherungsfälle" bzw. „Aufwendungen für übernommene Rückversicherungen" saldiert. Die verbleibenden beiden Reste werden den Leistungen für Versicherungsfälle der Schaden- und Unfall- und der Rückversicherer zugefügt.

Obwohl die *Leistungen für Rückkäufe* nicht durch den Eintritt des Versicherungsfalles ausgelöst werden, erscheint es sinnvoll, sie unter die konsolidierten Leistungen für Versicherungsfälle aufzunehmen, damit die Bildung einer weiteren Position vermieden wird.

---

[20] Vgl. REVSch Pos. B I, S. 17; REVR Pos. B I, S. 13.

Der Posten „Leistungen der Rückversicherer" kann in der konsolidierten Gewinn- und Verlustrechnung durch Verrechnungen wegfallen. Zum einen Mal müssen die konzerninternen Leistungen der Rückversicherer saldiert werden. Zum anderen werden die konzernexternen Leistungen der Rückversicherer gegen die Leistungen für Versicherungsfälle aufgerechnet (Nettoprinzip). Die in den „Leistungen der Rückversicherer" enthaltenen Beträge für Zuwachs der Deckungsrückstellung, Beitragsüberträge, Kostenerstattungen und Gewinnanteile werden in den folgenden Abschnitten behandelt.

Auf die Entwicklung der Schadenrückstellung soll bei den versicherungstechnischen Passiva eingegangen werden[21].

IV. Die Konsolidierung der Veränderungen der technischen Passiva

Die Höhe der Veränderungen der technischen Passiva ist bedingt durch die Zu- bzw. Abnahme des selbstabgeschlossenen und des übernommenen Geschäftes, welche Zuführungen bzw. Verminderungen der technischen Passiva nach sich zieht.

Die einzelnen Veränderungen der technischen Passiva können sowohl positive als auch negative Werte annehmen, je nach dem, ob die Zuführungen oder die Verminderungen überwiegen. Im folgenden soll von positiven Werten ausgegangen werden, da diese den Regelfall darstellen.

Bei der Bilanzierung nach dem Nettoprinzip werden die so entstandenen Werte um den Rückversicherungsanteil vermindert.

1. Prämienüberträge

Die *Lebensversicherer* weisen die Beitragsüberträge für selbstabgeschlossene Versicherungen unter den Überträgen aus dem Vorjahr einschließlich der Rückversicereranteile aus. Sie werden ergänzt durch die Leistungen der Rückversicherer für Zuwachs der Beitragsüberträge (Pos. A VII 1 teilweise). Die zum Jahresende neu berechneten Prämienüberträge für selbstabgeschlossene Versicherungen werden unter die Ausgaben aufgenommen.

Im aktiven Rückversicherungsgeschäft werden keine Beitragsüberträge vereinnahmt, da kein entsprechender Rechnungsabgrenzungsposten bilanziert wird[22]. Die Werte für das indirekte Geschäft sind in

---

[21] Vgl. S. 78.
[22] Vgl. S. 53 f.

den Aufwendungen für übernommene Rückversicherungen (Pos. B IV 1 teilweise) enthalten.

Die *Schaden- und Unfall- und Rückversicherer* weisen die Prämienüberträge für eigene Rechnung nach dem Umsatzprinzip aus.

Bei den professionellen Rückversicherern enthalten die Prämienüberträge auch die Schwankungsrückstellung und die Rückstellung für Beitragsrückerstattung[23].

Eine weitere Besonderheit ergibt sich daraus, daß, sofern der Zedent dem Rückversicherer Deckungsrückstellung und Beitragsüberträge in einem Posten aufgibt, diese Werte beim Rückversicherer ungeteilt unter der Deckungsrückstellung verbucht werden, was im Auslandsgeschäft häufig vorkommt. Eine Trennung für die Konzernerfolgsrechnung ist somit unmöglich; infolgedessen kann nur dieses Verfahren im Konzernabschluß beibehalten werden. Der erste Schritt zur *Konsolidierung* ist eine Aufrechnung des Übertrages aus dem Vorjahr gegen die Beitragsüberträge am Ende des Geschäftsjahres bei allen in die Konsolidierung einbezogenen Unternehmen. Damit erhält man für jede Konzerngesellschaft die „Veränderung des Prämienübertrages" (Einführung des Umsatzsaldoprinzips). Zu der Brutto-Veränderung der Beitragsüberträge (für das direkte Geschäft) der Lebensversicherer müssen die konzernexternen[24] Aufwendungen für übernommene Versicherungen für Beitragsüberträge addiert werden. Um die Angaben auf die Nettobasis zu bringen, saldiert man die Leistungen der konzernexternen Rückversicherer für Beitragsüberträge gegen die vorstehende Summe.

Beispiel: Die Beitragsüberträge (BÜ) dreier Versicherungsunternehmen (Lebens-, Schaden- und Unfall- und Rückversicherer) sollen konsolidiert werden.

Die Netto-BÜ des Schadens- und Unfall- sowie des Rückversicherers betragen jeweils 100, die entsprechenden Überträge aus dem Vorjahr 90, die Netto-Veränderung der BÜ mithin jeweils 10.

Die Brutto-BÜ des Lebensversicherers seien 100, der entsprechende Brutto-Übertrag aus dem Vorjahr 80, die Brutto-Veränderung also 20. Diesen sind die konzernexternen Aufwendungen für übernommene

---

[23] Vgl. S. 56.

[24] An konzerninternen Saldierungen ist lediglich bei Lebensversicherungsunternehmen eine Aufrechnung der konzerninternen Leistungen der Rückversicherer für Beitragsüberträge gegen die Beitragsüberträge für das direkte Geschäft und evtl. gegen die Aufwendungen für übernommene Versicherungen für Beitragsüberträge erforderlich. Die Schaden- und Unfall- und die Rückversicherer weisen die Beitragsüberträge und die entsprechenden Überträge aus dem Vorjahr für eigene Rechnung aus.

Versicherungen für BÜ (10) zuzuschlagen. Den Nettowert der Veränderung der Gesamt-BÜ des Lebensversicherers erhält man, indem man von der vorstehenden Summe (30) die Leistungen der konzernexternen Rückversicherer für BÜ (5) absetzt. Er beträgt also 25. Zählt man diese zu dem Wert des Schaden- und Unfall- und des Rückversicherers (20), so wird die Netto-Veränderung der BÜ für die Konzernerfolgsrechnung erhalten (45).

Aus den Prämienüberträgen der Rückversicherer müssen vor Einführung des Umsatzsaldoprinzips die Rückstellung für Beitragsrückerstattung sowie die Schwankungsrückstellung ausgesondert werden.

2. Deckungsrückstellung

Bei allen Arten von Versicherungsunternehmen bedarf es zunächst einer Saldierung des Übertrags aus dem Vorjahr gegen die Deckungsrückstellung am Ende des Geschäftsjahres zwecks Errechnung der Veränderung der Rückstellung für die jeweilige Einzelerfolgsrechnung.

Bei den *Lebensversicherern* erhält man die Veränderung der Deckungsrückstellung für die selbstabgeschlossenen Versicherungen als Bruttowert.

Da für das aktive Rückversicherungsgeschäft keine Deckungsrückstellung bilanziert wird, kann auch keine Veränderung für übernommene Versicherungen errechnet werden.

Die auf das indirekte Geschäft entfallenden Beträge werden unter den „Aufwendungen für übernommene Rückversicherungen" (Pos. B VI 1 teilw.) an die Vorversicherer ausgekehrt. Beim Bestehen eines passiven Rückversicherungsverhältnisses gehen die Anteile der Retrozessionäre unter den „Leistungen der Rückversicherer" (Pos. A VII 1 teilw.) als Erträge ein.

Für die *Schaden- und Unfallversicherer* erhält man durch die Aufrechnung des Übertrages gegen die Deckungsrückstellung zum Ende der Rechnungsperiode die Veränderung der Rückstellung, in welcher die Zuführungen bzw. Verminderungen des direkten Geschäftes mit ihrem Bruttowert, diejenigen des indirekten Geschäftes mit dem Nettowert enthalten sind[25]. Die Erstattungen der Rückversicherer erfolgen über die „Vergütungen der Rückversicherer"[26].

Für die *professionellen Rückversicherer* erhält man durch die Saldierung des Übertrags und der verausgabten Rückstellung die Veränderung der Deckungsrückstellung für eigene Rechnung.

---

[25] Analog zum Ausweis in der Bilanz, vgl. S. 56.
[26] Vgl. REVSch Pos. A VI Abs. 1, S. 17.

Bevor die postenmäßige Anordnung für die *Konzernerfolgsrechnung* erfolgen kann, müssen zum Ausgleich konzerninterner Doppelerfassungen folgende Aufrechnungen vorgenommen werden:

Beim Konzern-Erstversicherer:

Die vom Konzern-Rückversicherer erhaltenen Vergütungen für die Erhöhung der Deckungsrückstellung

(bei Lebensversicherern: „Leistungen der Rückversicherer" unter Pos. A VII 1 teilw.;

bei Schaden- und Unfallversicherern: „Vergütungen der Rückversicherer").

Beim Konzern-Rückversicherer:

Die Veränderung der Deckungsrückstellung, welche auf Geschäfte innerhalb des Konsolidierungskreises entfällt.

Im weiteren Verlauf der Konsolidierung kann auf zweierlei Weise verfahren werden, je nachdem, ob die Maßgeblichkeit des § 67 VAG für die Bilanzierung bejaht oder verneint wird[27].

Soll die Deckungsrückstellung für selbstabgeschlossene Versicherungen brutto in der Konzernbilanz ausgewiesen werden, so gilt dasselbe für ihre Veränderung in der konsolidierten Erfolgsrechnung. Damit würde an dieser Stelle das Nettoprinzip durchbrochen.

Einschließlich der Anteile der konzernexternen Rückversicherer wäre hier die Veränderung der Rückstellung für das Direktgeschäft der Lebens- und Schaden- und Unfallversicherer zu verbuchen. Als entsprechender Ertrag müßte eine Position „Vergütungen der Rückversicherer" (für die Deckungsrückstellung) eingestellt werden.

Die Veränderung der Deckungsrückstellung für das indirekte Geschäft kann in jedem Fall netto aufgeführt werden. Sie wird bei den Schaden- und Unfall- sowie bei den professionellen Rückversicherern durch die Saldierung des Übertrags aus dem Vorjahr gegen die verausgabte Deckungsrückstellung (für übernommene Versicherungen) ermittelt. Für die Lebensversicherer wird sie durch Saldierung der Leistungen der Rückversicherer (für Deckungsrückstellung)[28] gegen die „Aufwendungen für übernommene Rückversicherungen" (für Deckungsrückstellung)[29] erhalten.

Die beiden Beträge für die selbstabgeschlossenen (brutto) und die übernommenen (netto) Versicherungen wären zu addieren und in einer Summe als „Veränderung der Deckungsrückstellung" in die Konzernerfolgsrechnung einzustellen.

---

[27] Vgl. S. 58.
[28] Vgl. REVL Pos. A VII Nr. 1 teilweise.
[29] Vgl. REVL Pos. B VI Nr. 1 teilweise.

Die „Vergütungen der Rückversicherer für Deckungsrückstellung"
müßten als nächster Posten, mit negativem Vorzeichen versehen, in die
Rechnung aufgenommen werden.

Wird § 67 VAG nicht auf die Konzernrechnungslegung angewandt,
sondern wird diese Vorschrift nur als für die Bildung des Deckungsstockes maßgeblich aufgefaßt, wozu unseres Erachtens Grund besteht,
so kann die Deckungsrückstellung für die selbstabgeschlossenen Versicherungen netto bilanziert und die „Veränderung" in der Konzernerfolgsrechnung gleichfalls in dieser Weise verbucht werden. Zusätzlich zu den oben angeführten Saldierungen müssen dann auch die Vergütungen der konzernexternen Rückversicherer gegen die Veränderung
der Deckungsrückstellung aufgerechnet werden. Damit entfällt der
erstgenannte Posten in der Konzernerfolgsrechnung und das Nettoprinzip bleibt gewahrt.

3. Schaden- und übrige Rückstellungen

Die *Schaden- und Unfall- und Rückversicherer* weisen die Schaden-
rückstellung für eigene Rechnung als Unterposition der Leistungen für
Versicherungsfälle aus. In der Transportversicherung wird oft der
Prämienübertrag miteinbezogen[30].

Die Veränderung der Schadenrückstellung erhält man durch Sub-
traktion des aus dem Vorjahr vereinnahmten Betrages von der Rückstellung am Ende des Geschäftsjahres.

Bei den *Lebensversicherern* fließen die durch Versicherungsfälle frei-
werdenden Teile der Deckungsrückstellung für die im Geschäftsjahr
noch nicht bezahlten Schäden zuzüglich der entsprechenden Vergütungen der Rückversicherer für Versicherungsfälle in die Rückstellung für
noch nicht abgewickelte Versicherungsfälle (Schadenrückstellung).

Als *Konsolidierungs*vorgang wird eine Saldierung der vorstehenden
Vergütungen der Rückversicherer für Versicherungsfälle gegen ihren
Beitrag zur Schadenrückstellung vorgenommen. Von dem Rest wird
der Übertrag aus dem Vorjahr für eigene Rechnung abgezogen. Damit
ist die Netto-Veränderung der Schadenrückstellung ermittelt.

Die Werte der Lebens-, Schaden- und Unfall- und Rückversicherer
werden addiert und unter die Pos. 4 „Leistungen für Versicherungsfälle einschl. Veränderung der Schadenrückstellung für eigene Rechnung" in die konsolidierte Erfolgsrechnung eingestellt.

Die Schwankungsrückstellungen bzw. ihre Überträge aus dem Vorjahr aus den Erfolgsrechnungen der Schaden- und Unfall- und Rück-

---

[30] Vgl. S. 55.

versicherer werden jeweils für sich summiert. Nach Saldierung der beiden Beträge (Umsatzsaldoprinzip) wird die Differenz als „Veränderung der Schwankungsrückstellung" in die Konzernerfolgsrechnung eingestellt. Ebenso wird mit den sonstigen technischen Rückstellungen verfahren.

V. Die Konsolidierung des Ergebnisses der Vermögensverwaltung

Den aussagefähigsten Überblick über die Posten, welche die Vermögensverwaltung betreffen, geben die *Lebensversicherer*.

Als Erträge erscheinen:

In Pos. A V: Die Vermögensenserträge, unterteilt in Zinsen und Erträge aus Grundeigentum, Erträge aus Beteiligungen und sonstige Erträge, von deren Summe die Kosten der Vermögensverwaltung abgesetzt werden.

In Pos. A VI: Die Gewinne aus Vermögensanlagen, getrennt nach Kurs- und sonstigen Gewinnen.

Als Aufwendungen fallen an:

In Pos. B XI: Die Verluste aus Vermögensanlagen, unterteilt wie die entsprechenden Gewinne.

In Pos. B XII: Die Schuldzinsen auf gutgeschriebene Gewinnanteile und sonstige Schuldzinsen.

Unter den Zinsen (Pos. A V Nr. 1) sind alle laufenden Vermögensenserträge aufzuführen (Zinsen für Bankguthaben, aus Wertpapieren, Ausgleichs-, Hypotheken-, Grundschuld- und Rentenschuldforderungen), ferner die erhaltenen Saldenzinsen aus dem Abrechnungsverkehr (Kontokorrentzinsen) sowie Zinsen aus den von Vorversicherern einbehaltenen Beträgen (Depotzinsen für gestellte Sicherheiten)[31].

Die *Schaden- und Unfallversicherer* weisen die Vermögensenserträge aus dem Deckungsstock in der technischen Erfolgsrechnung aus. Dazu gehören die Erträge aus eigenen Vermögensanlagen und die Depotzinsen aus gestellten Sicherheiten abzüglich der Depotzinsen, die auf einbehaltene Sicherheiten gezahlt werden müssen[32]. Die nichttechnische Rechnung enthält in je einem Betrag die übrigen Vermögensenserträge sowie die Schuldzinsen, unter denen auch die an die Rückversicherer abgeführten Zinsen auf einbehaltene Sicherheiten für Beitragsüberträge und Schadenrückstellung nachgewiesen werden[33].

---

[31] Vgl. REVL Pos. A V 1 Nr. 1, S. 16.
[32] Vgl. REVSch Pos. A VI, S. 16.
[33] Vgl. REVSch Pos. B III, S. 21.

Die Gewinne und Verluste aus Vermögensanlagen gehen, sofern sie dem Deckungsstock zugerechnet werden können, in die technische, anderenfalls in die nichttechnische Erfolgsrechnung ein.

Die *Rückversicherer* weisen die Zinsen aus bei den Vorversicherern gestellten Sicherheiten unter den Einnahmen des Lebens- und HUK-Geschäfts aus (jeweils Pos. III). Die nichttechnische Gewinn- und Verlustrechnung enthält die Vermögenserträge (Pos. A II), wie bei Lebensversicherern aufgeteilt, sowie die Gewinne und Verluste aus Vermögensanlagen (Pos. A III, B III). Von ersteren sind bereits die Schuldzinsen abgezogen, so daß dafür kein Posten existiert.

Während in den Einzelabschlüssen die Bestandteile des Ergebnisses der Vermögensverwaltung über die ganze Rechnung verstreut sind, soll für die *konsolidierte Gewinn- und Verlustrechnung* eine zusammengefaßte Darstellung angestrebt werden.

Die einzelnen Komponenten dieses Ergebnisses sind:

(1) Erträge aus Vermögensanlagen

(2) Gewinne aus Vermögensanlagen

(3) Verluste aus Vermögensanlagen

(4) Abschreibungen und Wertberichtigungen auf Vermögensanlagen

(5) Zinsaufwendungen

(6) Kosten der Vermögensverwaltung[34].

Zwecks Konsolidierung werden sämtliche Erträge aus Vermögensanlagen der in den Konzernabschluß einbezogenen Unternehmen zunächst addiert. Der Summe werden die von den professionellen Rückversicherern bei den Vermögenserträgen abgesetzten Schuldzinsen — mit Ausnahme der gezahlten Depotzinsen — zugeschlagen. Um einen Nettowert der Erträge aus Vermögensanlagen zu erhalten, werden von dem vorstehenden Ergebnis die an Rückversicherer gezahlten Depot- und Saldenzinsen abgesetzt.

Auf die Zusammensetzung der Erträge aus Vermögensanlagen soll aus Gründen der Übersichtlichkeit nicht in der konsolidierten Erfolgsrechnung, sondern im Geschäftsbericht eingegangen werden[35].

Die Gewinne bzw. Verluste aus Vermögensanlagen der Konzernerfolgsrechnung erhält man durch Addition der Größen der Einzelabschlüsse.

Ebenso wird mit den Kosten der Vermögensverwaltung und den restlichen Zinsaufwendungen verfahren. Letztere erhält man für die

---

[34] Vgl. S. 70 f.

[35] Vgl. S. 111.

Rückversicherer, indem man deren Saldierung (mit Ausnahme der gezahlten Depotzinsen) gegen die Vermögenserträge rückgängig macht.

Der Posten „Zinsaufwendungen" in der Konzernerfolgsrechnung enthält dann eine Anzahl kleinerer Beträge, so Zinsen auf angesammelte Gewinnanteile der Versicherungsnehmer (aus Leben), gezahlte Saldenzinsen, Zinsen auf vorauserhaltene Prämien und evtl. Zinsen auf Brankkredite.

Die Abschreibungen und Wertberichtigungen auf Vermögensanlagen sollten von den übrigen abgesondert und hier berücksichtigt werden, da ohne sie nur ein unvollständiges Ergebnis der Vermögensverwaltung ermittelt würde. Den Wert für den Konzernabschluß bildet die Summe der Beträge aus den Einzelerfolgsrechnungen.

Nach den oben behandelten Aufteilungen bzw. Additionen muß als weiterer Konsolidierungsvorgang eine Reihe von Saldierungen erfolgen. Folgende konzerninterne Beträge werden aufgerechnet:

(1) Die Aufwands- und Ertragszinsen aus dem Rückversicherungsverkehr unter den Konzernunternehmen (Depot- und Saldenzinsen).

(2) Zinsen aus der Begebung bzw. der Aufnahme konzerninterner Darlehen.

(3) Grundstückserträge gegen Mietaufwendungen, wenn ein Konzernunternehmen Gebäude an ein anderes Konzernunternehmen vermietet hat.

(4) Erträge aus Beteiligungen, sofern sie aus dem Konsolidierungskreis stammen, gegen den Gewinn der Obergesellschaft. Es verbleiben hier also nur noch Beträge, welche von Unternehmen empfangen worden sind, die *nicht* zum Konsolidierungskreis gehören.

In die Konzernerfolgsrechnung gehen also hinsichtlich der konsolidierten Unternehmen deren in der Rechnungsperiode entstandene Gewinne ein (simultane Gewinnverrechnung).

Das Problem der Fluktuationsgewinne bei wechselseitigen Beteiligungen auf Grund der Auswirkungen der sukzessiven Gewinnverrechnung, wie es von Braeß und Karten aufgezeigt wird[36], besteht für den Konzernabschluß nur für die nicht konsolidierten Unternehmen. Eine Lösung im Konzernabschluß erscheint jedoch nicht möglich, da dieser lediglich eine buchmäßige Zusammenfassung der Werte der Einzelabschlüsse darstellt. Die Auswirkungen der Fluktuationsgewinne der nicht konsolidierten Unternehmen können nur dadurch beseitigt werden, daß dort die Beteiligungsgewinne zeitsynchron, also simultan, verrechnet werden.

---

[36] Vgl. *Braeß*, Paul und Walter *Karten*, a.a.O., S. 268 ff.

VI. Die Konsolidierung der Kosten und Kostenerstattungen

In allen Einzelabschlüssen werden die Vermögensverwaltungskosten bei den entsprechenden Erträgen berücksichtigt. Die Schadenermittlungskosten werden bei Schaden- und Unfallversicherern unter den Leistungen für Versicherungsfälle erfaßt[37].

Der bisherigen Übung folgend wird diese Regelung für die Konzernerfolgsrechnung beibehalten, um zur Erleichterung der Aufstellung des Konzernabschlusses beizutragen.

Die *Lebensversicherer* weisen die (eigenen) Kosten der laufenden Verwaltung (Pos. B IX) für das selbstabgeschlossene (Unterpos. 1) und das übernommene (Unterpos. 2) Geschäft getrennt aus. Erstere werden noch in Inkasso- und sonstige Verwaltungskosten aufgeteilt.

Die Kostenerstattungen an Vorversicherer erscheinen unter den sonstigen Vergütungen der „Aufwendungen für übernommene Rückversicherungen" (Pos. B VI 2 b). Diejenigen aus der passiven Rückversicherung werden in den „Leistungen der Rückversicherer" (Pos. A VII 2 b) vereinnahmt.

Zudem fallen noch nachstehende Kosten an:

Abschlußkosten (Erwerbskosten) zu Lasten des Geschäftsjahres (Pos. B VIII), Abschlußkosten, rechnungsmäßig gedeckt (Pos. B XV), Schadenbearbeitungskosten (Pos. B IV) sowie die Zuweisung zur Rückstellung für Schadenbearbeitungskosten (Pos. B XIX).

Im Gegensatz zur Lebensversicherung weisen die *Schaden- und Unfallversicherer* die Kosten netto aus. Es erscheinen dort die Schadenbearbeitungskosten, gezahlt und zurückgestellt (Pos. B II) und die Verwaltungskosten für eigene Rechnung (Pos. B VI). Letztere werden, soweit ihre Umlegung auf die Versicherungszweige gelingt, in der technischen Gewinn- und Verlustrechnung verbucht, und zwar aufgeteilt in Provisionen und sonstige Bezüge der Vertreter sowie sonstige Kosten. Der Rest geht in einem Betrag in die nichttechnische Rechnung ein (Pos. B I). Die rechnerische Ermittlung der Verwaltungskosten wird nach folgendem Schema durchgeführt:

Verwaltungskosten für selbstabgeschlossene Versicherungen
+ eigene Verwaltungskosten für übernommene Versicherungen
+ Kostenerstattungen an Vorversicherer
·/· Kostenerstattungen der Rückversicherer
= Verwaltungskosten für eigene Rechnung

Die Summe wird aufgeteilt und den beiden Teilen der Erfolgsrechnung angelastet.

---

[37] Vgl. REVSch Pos. B I, S. 17.

Die *professionellen Rückversicherer* weisen den Nettowert der Provisionen in der technischen und die Verwaltungskosten teils in der technischen, teils in der nichttechnischen Rechnung aus[38].

Gemäß der vorgeschlagenen Gliederung[39] wird für die Konzernerfolgsrechnung ein Kostenblock gebildet, der sich aus folgenden Teilen zusammensetzt:

Schadenbearbeitungskosten, einschl. Veränderung der Rückstellung,

Provisionen,

Verwaltungskosten,

soziale Aufwendungen, soweit nicht unter anderen Posten auszuweisen.

Unter den „Provisionen" werden die variablen Zahlungen der Lebens- und Schaden- und Unfallversicherer sowie die gezahlten Provisionen der professionellen Rückversicherer zusammengefaßt. Die Abschlußkosten aus der Lebensversicherung können hier nur teilweise belastet werden. Die im Unternehmen selbst anfallenden Beträge (innere Abschlußkosten) müssen unter die Verwaltungskosten aufgenommen werden.

Um konzerninterne Doppelerfassungen auszuschalten, bedarf es zunächst einer Saldierung der konzernintern gezahlten bzw. erhaltenen Kostenerstattungen.

Folgende Wertkorrekturen sind vorzunehmen:

Beim Erstversicherer:

wenn Lebensversicherer: Eliminierung der Kostenerstattung bei den Leistungen der Rückversicherer (Unterpos. 2 b: sonstige Vergütungen)

wenn Schaden- und Unfallversicherer: Addition der Erstattungen bei den Verwaltungskosten für eigene Rechnung.

Gegenbuchung beim Rückversicherer:

wenn Lebensversicherer: Eliminierung der Kostenerstattungen bei den Aufwendungen für übernommene Versicherungen (Unterpos. 2 b: sonstige Vergütungen)

wenn Schaden- und Unfall- oder Rückversicherer: Abzug der Kostenerstattungen bei den Provisionen für eigene Rechnung.

Vor einer vertieften Untersuchung der anderen Kostenpositionen[40] bleibt zu prüfen, ob man diese und die Provisionen in der konsoli-

---

[38] Vgl. REVR Pos. B III, S. 14; Pos. B II, S. 16.
[39] Vgl. S. 70.
[40] Schadenbearbeitungskosten, Verwaltungskosten, soziale Aufwendungen.

dierten Erfolgsrechnung netto aufführt, d. h. wie bei Kompositversicherern die Rückversicherungsprovision gegen die Schadenbearbeitungskosten, Provisionen und sonstigen Verwaltungskosten aufrechnet, oder ob man sie allein gegen die Provisionen saldiert.

In den Rückversicherungsverträgen wird die Beteiligung an den Kosten des Zedenten meist en bloc geregelt. Sie ist oft mehr ein Mittel der Preispolitik als an den effektiven Kosten des Erstversicherers orientiert. Somit erscheint es fraglich, ob durch die Verteilung der Vergütungen der Rückversicherer mittels eines Schlüssels zwischen den Erstattungen und den eigenen Kosten ein betriebswirtschaftlich sinnvoller Zusammenhang gefunden werden kann (Verursachungsprinzip).

Da aber bereits bei Schaden- und Unfall- und Rückversicherern eine Verrechnung der Rückversicherererstattungen bei den einzelnen Kostenpositionen erfolgt, wäre es unter arbeitstechnischem Aspekt günstiger, auch für die Lebensversicherer analog zu verfahren.

Für die Ermittlung der *Schadenbearbeitungskosten* einschließlich der Veränderung ihrer Rückstellung werden zunächst die Angaben der Lebensversicherer[41] auf den Nettowert reduziert. Dazu werden die gezahlten Schadenbearbeitungskosten und die Veränderung der zugehörigen Rückstellung aus der Schaden- und Unfallversicherung addiert. Die Summe stellt den Wert für die Konzernerfolgsrechnung dar.

Zu den *Verwaltungskosten für eigene Rechnung* der Konzernerfolgsrechnung gehören die Kosten der laufenden Verwaltung (ohne die sozialen Aufwendungen) aus Leben, gekürzt um die anteiligen Kostenerstattungen aus dem passiven externen Rückversicherungsgeschäft und vermehrt um die Kostenerstattungen an Vorversicherer (Aufwendungen für übernommene Rückversicherungen, Unterpos. 2 b). Ferner werden hier die sonstigen Verwaltungskosten (Pos. B VI Nr. 2) aus der technischen und die Verwaltungskosten aus der nichttechnischen Erfolgsrechnung der Schaden- und Unfallversicherer (Pos. B II) sowie die Verwaltungskosten aus der technischen und der nichttechnischen Gewinn- und Verlustrechnung der Rückversicherer (Pos. B III bzw. B II) erfaßt.

Innerhalb der Verwaltungskosten kann man auch die *Aufwendungen für Schadenverhütung und Schadenbekämpfung* der Schaden- und Unfallversicherer berücksichtigen. Braeß und Farny führen dazu aus: „Der Betriebskostencharakter der Aufwendungen für Schadenverhütung und Schadenbekämpfung ist nicht eindeutig, da sie, wenn auch nur lose, in einem Substitutionsverhältnis zu den Versicherungsleistun-

---

41 Vgl. S. 82.

gen stehen. Jenson[42] rechnet sie zu den Verwaltungskosten. Wir schließen uns aus praktischen Gründen diesem Verfahren an, da eine eigene
Aufwandsgruppe wegen der relativ niedrigen Beträge nicht in Frage
kommt[43]."

Im Hinblick auf die Regelung im Aktiengesetz erscheint es nicht
möglich, die *sozialen Aufwendungen*, soweit sie nicht im Zusammenhang mit den Schadenbearbeitungskosten angefallen sind, in die Verwaltungskosten hineinzunehmen. Geht man von der Gliederung in
§ 333 Abs. 2 AktG (Konzern-Gewinn- und -Verlustrechnung in verein-
fachter Form) ab, so wird § 332 Abs. 3 AktG anwendbar, der für diesen
Fall besagt, daß generell die Vorschriften des § 157 Abs. 1 AktG zum
Zuge kommen. Danach sind im aktienrechtlichen Gliederungsschema
der Erfolgsrechnung (§ 157 Abs. 1 AktG) die sozialen Abgaben (Ziffer 17) und die Aufwendungen für Altersversorgung und Unterstützung
(Ziffer 18) gesondert auszuweisen.

Ob man eine Aufführung des Sozialaufwandes in zwei Werten als
sinnvoll ansieht, mag dahingestellt bleiben. Zur Übersichtlichkeit würde
eine Position mit der Bezeichnung „Soziale Aufwendungen, soweit nicht
unter anderen Posten auszuweisen" mehr beitragen. Um trotzdem volle
Publizität zu gewährleisten, soll im Konzerngeschäftsbericht auf die
Zusammensetzung der sozialen Aufwendungen eingegangen werden[44].

Eine weitere Frage ist, ob man in die Betriebskosten auch die Steuern
einbeziehen soll. Dazu gibt es in der Betriebswirtschaftslehre drei
grundsätzliche Meinungen[45], nämlich:

(1) Steuern sind Zwangsaufwand. Sie stehen nicht mit der Leistungs-
erstellung in Zusammenhang, haben also keinen Kostencharakter.

(2) Einzelne Steuerarten tragen Kostencharakter, nämlich die gewinnunabhängigen (Vermögensteuer, Gewerbekapitalsteuer, Grund-
steuer, Gesellschaftsteuer, Umsatzsteuer, Lohnsummensteuer, Grund-
erwerbsteuer).

(3) Allen Steuerarten kommt Kostencharakter zu.

Von allen Ansichten hat sich die zweite am meisten durchgesetzt[46],
was sich daran zeigt, daß die durch sie benannten Steuern Eingang in

---

[42] Vgl. *Jenson*, Harry: Kommentar zu den Rechnungslegungsvorschriften
der Versicherungsunternehmen für die Geschäftsjahre ab 1955, hrsg. von der
Deutschen Gesellschaft für Versicherungsmathematik e.V., Berliner Gruppe,
Berlin 1956, S. 132.

[43] *Braeß*, Paul und Dieter *Farny:* Externe Erfolgsanalyse (Schaden- und
Unfall- und Rückversicherer), S. IV.

[44] Vgl. S. 110 f.

[45] Vgl. *Wöhe*, Günter: Betriebswirtschaftliche Steuerlehre, Bd. II, 2. Halb-
band, Berlin und Frankfurt 1965, S. 7.

[46] Vgl. *Klinger*, Karl: Die Kosten in der Betriebsabrechnung, in: Der Wirt-

die betriebliche Kostenrechnung gefunden haben. Auch Braeß und Farny gehen bei ihren erfolgsanalytischen Überlegungen davon aus[47].

VII. Die Konsolidierung der Aufwendungen für Beitragsrückerstattung

Die Beitragsrückerstattung hat echte Bedeutung lediglich im direkten Geschäft in der Lebens-, Unfall- und in der Kraftfahrtversicherung erlangt. Im indirekten Geschäft ist der Rückversicherer zumeist nur in der Kraftfahrtversicherung an der Beitragsrückerstattung des Zedenten beteiligt[48].

Bei *Lebensversicherern* wird die Rückstellung für Beitragsrückerstattung unter den Überträgen aus dem Vorjahr vereinnahmt. Nach Ausschüttung der „Beitragsrückerstattung an Versicherungsnehmer" (Pos. B V) wird der Rest zusammen mit der Zuweisung aus dem Geschäftsjahr in der neugebildeten Rückstellung verausgabt.

Nimmt im indirekten Geschäft der Rückversicherer an der Beitragsrückerstattung teil, so werden diese Beträge bei ihm unter den Aufwendungen für übernommene Rückversicherungen (Unterpos. 2 b) bzw. beim Zedenten unter den Leistungen der Rückversicherer (Unterpos. 2 b) aufgeführt.

Bei *Schaden- und Unfallversicherern* unterscheidet man zwischen der satzungsmäßigen Beitragsrückerstattung und der gesetzlichen in der Kraftfahrtversicherung.

Die Rückstellungen für beide Arten der Beitragsermäßigung werden unter getrennten Positionen vereinnahmt und verausgabt. Auch im Geschäftsbericht sind die Ausgaben getrennt aufzuführen, wobei die Werte aus der Kraftfahrtversicherung brutto erscheinen[49]. Die Zahlungen der Rückversicherer dafür werden unter den „Vergütungen der Rückversicherer" vereinnahmt[50]. Eine satzungsgemäße, also freiwillige Beitragsrückerstattung gibt es bei Schaden- und Unfallversicherern in Form von Aktiengesellschaften nur selten.

---

schaftsreuhänder, 12. Jg., 1943, S. 25; *Bernhard*, Alfred: Die Steuern im Rechnungswesen der Unternehmung, in: Die Unternehmung, 2. Jg., 1947, S. 33; *Lücke*, Wolfgang: Zum Thema: Sind Körperschaftssteuern Kostensteuern?, in: Wpg 1955, 9. Jg., S. 157; *Mellerowicz*, Konrad: Kosten und Kostenrechnung, Bd. I, 3. Aufl., Berlin 1957, S. 89; *Aufermann*, Ewald: Grundzüge betriebswirtschaftlicher Steuerlehre, 3. Aufl., Wiesbaden 1959, S. 89; *Wöhe*, Günter, a.a.O., S. 33 ff.

[47] Vgl. *Braeß*, Paul und Dieter *Farny*: Externe Erfolgsanalyse (Schaden- und Unfall- und Rückversicherung), S. IV.

[48] Vgl. *Jenson*, Harry, a.a.O., S. 54 und 59.

[49] Vgl. REVSch Pos. B V, S. 18 und Sch II ö, Pos. B V, S. 155.

[50] Vgl. REVSch Pos. A VI, S. 17.

Die *REVR* sehen keine besondere Position für die Abwicklung der Beitragsrückerstattung vor. Die Rückstellung dafür wird zusammen mit den Beitragsüberträgen unter den Überträgen aus dem Vorjahr vereinnahmt und unter den Prämienüberträgen wieder verausgabt[51]. Die im Rechnungsjahr gezahlte Beitragsrückerstattung wird bei den Beitragseinnahmen abgesetzt[52].

Ob bei der *Konsolidierung* eine getrennte Aufbereitung der beiden Werte der professionellen Rückversicherer notwendig ist, erscheint unter arbeitstechnischem Aspekt fraglich, da es sich hierbei zumeist um geringe Beträge handelt.

Soll die Beitragsrückerstattung gesondert erfaßt werden, so muß bei den professionellen Rückversicherern die Rückstellung den Überträgen aus dem Vorjahr bzw. den verausgabten Prämienbeträgen entnommen und zu den entsprechenden Überträgen bzw. Rückstellungen der Erstversicherer addiert werden. Die beiden Summen werden saldiert, so daß man die Veränderung der Rückstellung für Beitragsrückerstattung für die Konzernerfolgsrechnung erhält.

Die im Geschäftsjahr gezahlte Beitragsrückerstattung wird ermittelt, indem die Prämieneinnahmen der Rückversicherer um die vorher gekürzten Beträge für gezahlte Beitragsrückerstattung vermehrt und diese zu den Zahlungen der Erstversicherer addiert werden.

An konzerninternen Leistungen werden gegeneinander aufgerechnet:

Bei professionellen Rückversicherern:

Gezahlte Beitragsrückerstattung (bei den Prämieneinnahmen abgesetzt)

Bei Erstversicherern, die die Rückversicherung betreiben (Leben):

Aufwendungen für übernommene Rückversicherungen (Unterpos. 2. b teilw.)

gegen:

Bei Erstversicherern:

(Leistungen der Rückversicherer, Unterpos. 2 b; sofern Lebensversicherer)

(Vergütungen der Rückversicherer; sofern Schaden- und Unfallversicherer).

Addiert man die so erhaltene Beitragsrückerstattung für eigene Rechnung und fügt ihr die Veränderung der Rückstellung zu, so erhält man den Wert für die Konzernerfolgsrechnung (Pos. 24).

---

[51] Vgl. S. 55.
[52] Vgl. REVR Pos. A II, S. 13.

VIII. Die Konsolidierung der
übrigen Aufwendungen und Erträge

1. Ertragsposten

In diesem Abschnitt soll auf alle bisher nicht bzw. nicht abschließend behandelten Posten mit Ausnahme des Gewinns eingegangen werden.

Der Ausweis der *Leistungen bzw. Vergütungen der Rückversicherer* entfällt durch Verrechnung der darin enthaltenen Erstattungen für die Deckungsrückstellung, Beitragsüberträge und Kosten, es sei denn, man sehe § 67 VAG als maßgeblich für die Bilanzierung der Deckungsrückstellung für selbstabgeschlossene Versicherungen an[53].

Im ersten Fall verschwinden die Erstattungen der Rückversicherer durch Verrechnung der konzerninternen Werte bzw. durch Saldierung gegen die Veränderung der Deckungsrückstellung und der Beitragsüberträge, gegen die gezahlten und zurückgestellten Leistungen für Versicherungsfälle, die Aufwendungen für Beitragsrückerstattung und die Betriebskosten. Im letzteren Fall fließen durch die „Vergütungen der Rückversicherer" die Ergänzungen der Vorgenannten für die Deckungsrückstellung des Direktgeschäftes.

Die *Aufwendungen für übernommene Rückversicherungen der Lebensversicherer* entfallen teils durch Saldierung konzerninterner Doppelerfassungen, teils gehen sie in die Versicherungsleistungen im weiteren Sinn ein (Schäden, versicherungstechnische Passiva, Betriebskosten).

Als nächstes sollen die *sonstigen und außerordentlichen Einnahmen und Ausgaben* der Einzelabschlüsse betrachtet werden.

Bei den Lebensversicherern erscheinen unter den sonstigen Einnahmen in der Hauptsache die Kostenerstattungen aus der Versicherungsvermittlung, die Auflösung der Rückstellung für Schadenbearbeitungskosten und die Vergütungen der Vorversicherer aus der Verringerung der Deckungsrückstellung des indirekten Geschäftes, wenn sich der Anteil des berichtenden Unternehmens an der Rückstellung des Zedenten verkleinert[54].

Die sonstigen Ausgaben enthalten an größeren Werten die Erhöhung der Rückstellung für Versorgungsverpflichtungen und die Vergütungen an Vorversicherer wegen Verminderung ihres Anteils an der Deckungsrückstellung.

Die Schaden- und Unfallversicherer verteilen die sonstigen Einnahmen und Ausgaben auf die beiden Teile der Erfolgsrechnung.

---

[53] Vgl. S. 58.
[54] Vgl. *Jenson*, Harry, a.a.O., S. 127.

Die aus der Deckungsrückstellung herrührenden Werte werden nicht hier, sondern unter den Vergütungen der Rückversicherer oder den Vergütungen an die Rückversicherer verbucht[55].

Die Aufwendungen für Altersversorgung können wahlweise dem technischen oder nichttechnischen Geschäft angelastet werden[56].

Die professionellen Rückversicherer verfahren wie die Schaden- und Unfallversicherer.

Die außerordentlichen Einnahmen enthalten die Werte aus der Auflösung freier Rücklagen, allgemeiner Rückstellungen und Wertberichtigungen, die Zuschreibungen und die Beträge aus dem Abgang von Gegenständen der Betriebseinrichtung[57].

Für die Konsolidierung müssen die konzerninternen Werte in den sonstigen Einnahmen bzw. Ausgaben saldiert werden.

Nach § 333 Abs. 2 AktG sind für den Ausweis der neutralen Erträge in der konsolidierten Erfolgsrechnung drei Posten vorgesehen:

Ziff. 6 Erträge aus Zuschreibungen

Ziff. 7 Erträge aus der Auflösung von Rückstellungen

Ziff. 8 Sonstige Erträge.

Die Werte betreffend die Ziffern 6 und 7 können den außerordentlichen Einnahmen der Einzelerfolgsrechnungen entnommen werden, wobei in Pos. 19 des Gliederungsvorschlages (entsprechend Ziff. 7) auch die Erträge aus der Auflösung von Wertberichtigungen erfaßt werden.

Die (zulässigen) Zuschreibungen der einzelnen Unternehmen werden addiert und in Pos. 18 (Erträge aus Zuschreibungen) eingestellt.

Zulässigkeit besteht dann, wenn aufgrund von Abschreibungen oder Wertberichtigungen der Buchwert eines Gegenstandes in der Vorperiode unter dem Wert: (Anschaffungskosten ./. verzehrsbedingte Abschreibungen) gelangt und der Wert am Abschlußstichtag über dem Buchwert liegt[58].

In der Versicherungswirtschaft kann der Fall insbesondere bei Wertpapieren entstehen, wenn sie bei Börsenkursverfall mit dem niedrigeren Tageskurs zum Bilanzstichtag bewertet wurden. Steigt der Kurs wieder,

---

[55] Vgl. REVSch Pos. A VI, S. 17; Pos. B XII, S. 19.

[56] Vgl. *Braeß*, Paul und Dieter *Farny:* Externe Erfolgsanalyse (Schaden- und Unfall- und Rückversicherung), S. IV.

[57] Vgl. REVL Pos. A VIII, S. 17; REVSch Pos. A IV, S. 21; REVR Pos. A IV, S. 16.

[58] Vgl. *Adler - Düring - Schmaltz:* Rechnungslegung und Prüfung der Aktiengesellschaft, 4. Aufl., völlig neubearbeitet von Schmaltz/Forster/ Goerdeler/Havermann, Bd. I: Rechnungslegung, Stuttgart 1968, § 149 Tz 72 f., S. 46 f.

so sind Zuschreibungen bis zur Grenze der Anschaffungskosten[59] möglich.

Saldierungen kommen bei der Konsolidierung nicht in Betracht, da den Zuschreibungen keine konzerninternen Rechtsgeschäfte zugrunde liegen.

Die Position kann besondere Bedeutung erhalten, wenn in gewinnarmen Rechnungsperioden der Konzernerfolg aufgebessert werden soll.

Alle übrigen Erträge mit Ausnahme derjenigen aus dem Abgang von Vermögensanlagen[60] werden in die sonstigen Erträge der Konzernerfolgsrechnung eingestellt (Pos. 20).

2. Aufwandsposten

Die um konzerninterne Werte bereinigten sonstigen und außerordentlichen Ausgaben der Einzelerfolgsrechnungen können in der Konzernerfolgsrechnung zu den sonstigen Aufwendungen zusammengefaßt werden. Hierunter können auch die Zuweisungen an allgemeine Rückstellungen berücksichtigt werden. Die Zuführung zur Rückstellung für Pensionsverpflichtungen wird jedoch bei den sozialen Aufwendungen erfaßt.

Zu den Abschreibungen und Wertberichtigungen, soweit sie nicht auf Vermögensanlagen entfallen (Pos. 21), zählen solche auf Inventar und jegliche Art von Forderungen (z. B. an Vertreter, Versicherungsnehmer oder Forderungen aus dem Rückversicherungsgeschäft).

Die Werte der Konzerngesellschaften werden nach Saldierung darin befindlicher konzerninterner Werte addiert und in die konsolidierte Erfolgsrechnung eingestellt.

Gemäß § 333 Abs. 2 Nr. 13 AktG ist in den Konzernabschluß eine Position „Aufwendungen aus der Übernahme des Verlustes eines nicht in den Konzernabschluß einbezogenen Unternehmens" aufzunehmen, soweit derartige Verluste entstanden sind.

Das wird in der Versicherungswirtschaft selten vorkommen, da Konzernunternehmen, die durch Unternehmensvertrag (Ergebnisabführungsvertrag) verbunden sind, in den Konzernabschluß aufgenommen werden dürften.

Die Steuern vom Einkommen, vom Ertrag und vom Vermögen der Konzerngesellschaften sind zu addieren. Ihre Summen bilden den gleichnamigen Posten für die Konzernerfolgsrechnung. Saldierungen

---

[59] Vgl. *Adler - Düring - Schmaltz*, a.a.O., S. 46.

[60] Diese werden unter Pos. 13 (Gewinne aus Vermögensanlagen) ausgewiesen, vgl. S. 70.

sind nicht notwendig, da jedes Konzernglied nur seine Steuerschuld ausweist.

IX. Die Gewinnkonsolidierung

Im Rückversicherungsgeschäft spielen neben den Kostenerstattungen die zu gewährenden Gewinnanteile beim Zustandekommen der Verträge eine bedeutende Rolle. Bei günstigem Schadenverlauf überläßt der Rückversicherer dem Zedenten einen Teil seines Gewinnes (Gewinnanteil), welcher teils gesondert, teils zusammen mit den Kostenerstattungen abgerechnet wird.

Die Lebensversicherer weisen die erhaltenen Gewinnanteile unter den Leistungen der Rückversicherer, die gezahlten unter den Aufwendungen für übernommene Rückversicherungen aus (Pos. A VII 2 b, Pos. B VI 2 b). Bei den Schaden- und Unfallversicherern wird der Saldo der erstatteten und erhaltenen Gewinnanteile entweder unter die Verwaltungskosten für eigene Rechnung (vorherrschend) oder unter die sonstigen Einnahmen (bzw. sonstigen Ausgaben) eingestellt[61].

Die professionellen Rückversicherer weisen die Gewinnanteile als Saldo aus den Zahlungen der Retrozessionäre und Vergütungen an Vorversicherer unter den Provisionen aus[62].

Bei der Aufstellung der konsolidierten Erfolgsrechnung muß man unterscheiden zwischen Gewinnanteilen, die Konzernmitglieder einander gewährt haben, und solchen, die an Versicherungsunternehmen außerhalb des Konsolidierungskreises gezahlt bzw. von diesen erhalten wurden.

Die konzerninternen Gewinnanteile sind gegeneinander zu saldieren. Die Differenz der konzernexternen Gewinnanteile kann entweder gegen die Provisionen (Pos. 9) oder die Verwaltungskosten (Pos. 10) oder in Anlehnung an Farny gegen die Rückversicherungsprämie[63] aufgerechnet werden.

Die Gewinnvorträge aller Konzerngesellschaften werden summiert. Bestehen bei einzelnen Unternehmen Verlustvorträge, so müssen sie von der Summe der Gewinnvorträge abgezogen werden. Ein Gewinnvortrag als aufwandsähnlicher Posten zugleich vor einem Verlustvortrag würde dem Sinn der Konzernerfolgsrechnung zuwiderlaufen, weil der Konzern als ein wirtschaftlich einheitliches Unternehmen

---

[61] Vgl. *Bilke*, Günter und Erwin *Kirchner*, a.a.O., S. 199.

[62] Vgl. REVR Pos. III Nr. 1, S. 14.

[63] Vgl. *Farny*, Dieter: Der „Preis" für Rückversicherung in Theorie und Praxis, in: Z Vers Wiss 1963, Bd. 52, S. 739. Farny schlägt die Saldierung der Rückversicherungsprovision gegen die Rückversicherungsprämie vor.

angesehen werden soll. Das geht auch aus der Gliederung in § 333 Abs. 2 Nr. 15 AktG hervor, in der alternativ die Posten „Gewinn- vortrag" bzw. „Verlustvortrag aus dem Vorjahr" vorgesehen sind.

Zeitliche Verwerfungen können bei den Gewinn- bzw. Verlust- vorträgen der konsolidierten Untergesellschaften nicht entstehen, da sich deren Gewinnergebnisse unmittelbar in der Konzernerfolgsrech- nung auswirken[64]. Ebenso wie der Gewinn[65] der konsolidierten Tochter- gesellschaften gehen deren Gewinn- bzw. Verlustvorträge simultan mit denjenigen der Obergesellschaft in die Konzernerfolgsrechnung ein.

Für die Rücklagenbewegungen sind in § 333 Abs. 2 AktG zwei Positionen vorgesehen, nämlich Nr. 16 „Entnahmen aus offenen Rück- lagen" und Nr. 17 „Einstellungen in offene Rücklagen".

Materiell geht man so vor, daß man alle Rücklagenzuführungen der in die Konsolidierung einbezogenen Unternehmen addiert und in die Konzernerfolgsrechnung einstellt.

Genau genommen stellen die Beträge der Tochtergesellschaften keine Zuführungen zu den Rücklagen in der Konzernbilanz dar, da letztere nur die Rücklagen der Obergesellschaft enthält, während die der übrigen Konzernglieder gegen die Beteiligungen der Konzernspitze verrechnet werden[66]. Die auf die Tochtergesellschaft entfallenden Be- träge erhöhen die passive Kapitalaufrechnungsdifferenz, weshalb man eigentlich einen besonderen Posten bilden müßte; um aber nicht eine zusätzliche, einer weitgehenden Erläuterung bedürftige Position zu schaffen, wurde davon abgesehen.

Zutreffender als die bisherige Bezeichnung wäre der Ausdruck „Einstellungen in offene Rücklagen einschließlich des Konzernanteils an den unverteilten Ergebnissen der Beteiligungsgesellschaften"[67].

Für die Entnahmen aus offenen Rücklagen ist analog zu verfahren. Die Zuführungen und Entnahmen werden ebenso wie in der Einzel- erfolgsrechnung gesondert aufgeführt[68].

Das Problem der Eliminierung konzerninterner Gewinne hat in der Assekuranz nicht eine gleicherart schwerwiegende Bedeutung wie in der Industrie, da zwischen Versicherungsunternehmen eines Konzerns selten ein Leistungsaustausch mit der Folge der Aktivierung von Gütern besteht. Sofern ein solcher Fall eintritt, werden die Gewinne in der

---

[64] Vgl. *Kropff*, Bruno, a.a.O., S. 1748.

[65] Vgl. S. 81.

[66] Vgl. S. 49 f.

[67] Vgl. AEG-Telefunken A.G., Konzernabschluß 1966, S. 42.

[68] Vgl. § 333 Abs. 1 Nr. 16 und 17 AktG.

Weise ausgeschaltet, daß man den außerordentlichen Ertrag des verkaufenden Unternehmens (sonstige Einnahme) gegen die Anschaffungskosten des Konzernkäufers saldiert. Der konzerninterne, also Dritten gegenüber nicht realisierte, Gewinn verschwindet damit.

Die von den Konzernunternehmen an die Muttergesellschaft ausgeschütteten Dividenden werden von ihr unter den Erträgen aus Beteiligungen verbucht.

Um eine zeitsynchrone Verbuchung der im Konzern erzielten Gewinne zu gewährleisten, werden diese Beträge (anteilige Gewinne des Vorjahres) gegen den Gewinn der Obergesellschaft saldiert. An ihre Stelle treten die um die Zwischengewinne bereinigten anteiligen, im Geschäftsjahr erzielten Gewinne der Konzernunternehmen[69].

Da die Konzernbilanz gemäß § 331 Abs. 1 Nr. 2 AktG einen „Ausgleichsposten für Anteile im Fremdbesitz" enthält, in welchen der Anteil konzernfremder Aktionäre am Erfolg (Fremdanteile) einzubeziehen ist, muß auch in der konsolidierten Erfolgsrechnung der Gewinn oder Verlust der konzernfremden Gesellschafter erscheinen[70]. Anderenfalls würde das Ergebnis der Konzernerfolgsrechnung nicht mit dem in der Konzernbilanz ausgewiesenen Gewinn oder Verlust übereinstimmen.

Die Fremdanteile am Konzernerfolg sind gemäß § 333 Abs. 2 AktG unter Pos. 18 und 19 (Pos. 18: „konzernfremden Gesellschaftern zustehender Gewinn", Pos. 19: „auf konzernfremde Gesellschafter entfallender Verlust") aufzuführen.

Entsteht bei einigen konsolidierten Unternehmen mit konzernfremden Gesellschaftern ein Gewinn, bei anderen jedoch ein Verlust, so soll nach Meinung von Godin-Wilhelmi der Gewinn nicht mit dem Verlust verrechnet, sondern beide gesondert ausgewiesen werden[71].

Das widerspricht aber dem Grundgedanken der wirtschaftlichen Einheit, da in keinem Unternehmen in der gleichen Rechnungsperiode in gleicher Erfolgsrechnung ein Gewinn neben einem Verlust ausgewiesen werden kann. Systemgerecht ist daher eine Saldierung.

Der Konzerngewinn errechnet sich dann wie folgt:

Gewinn der Obergesellschaft
./. Beteiligungserträge der in die Konsolidierung einbezogenen Unternehmen
+ Gewinn der Konzernunternehmen des Konsolidierungskreises
./. Fremdanteile am Gewinn der in die Konsolidierung einbezogenen Konzerntöchter
./. konzerninterne Gewinne (Zwischengewinne).

---

[69] Vgl. S. 81.
[70] Vgl. *Godin - Wilhelmi*, a.a.O., S. 1738.
[71] Vgl. ebenda, S. 1743 f.

G. Die Aufstellung des Konzerngeschäftsberichtes

I. Die Aufgaben des Konzerngeschäftsberichtes

Eine der Hauptaufgaben des Konzerngeschäftsberichtes ist es, den Geschäftsverlauf und die Lage des Konzerns in der abgelaufenen Rechnungsperiode darzulegen. Dabei müssen auch Vorgänge von besonderer Bedeutung, die nach dem Stichtag des Konzernabschlusses eingetreten sind, in die Betrachtung einbezogen werden (§ 334 Abs. 2 AktG). Diesen Verpflichtungen wird im Lagebericht nachgekommen[1].

Die zweite Aufgabe des Konzerngeschäftsberichtes besteht darin, den konsolidierten Jahresabschluß zu erläutern (§ 334 Abs. 3 AktG). Es sollen neben den Pflichtangaben (§ 334 Abs. 3 Nr. 1—3 AktG) vor allem die wesentlichen Abweichungen von dem letzten Konzernabschluß erörtert werden.

Dem Erläuterungsbericht obliegt es ferner, durch weitergehende Nachweisungen die Schwachstellen der Konzernbilanz bzw. -erfolgsrechnung, welche das Nettoprinzip mit sich bringt, auszugleichen, d. h. Bruttoangaben wichtiger technischer Positionen zu bringen.

Darüber hinaus bedarf es einer Trennung der wesentlichen versicherungstechnischen Posten nach selbstabgeschlossenem und übernommenem Geschäft, worauf in den beiden Rechnungen aus Gründen der Übersichtlichkeit verzichtet wurde.

Hinsichtlich der Konzernerfolgsrechnung muß der Erläuterungsbericht darauf abzielen, die Publizitätseinbuße, welche durch Fortfall der Spartenerfolgsrechnung entsteht, durch Aufschlüsselung der bedeutendsten Positionen nach Versicherungszweigen auszugleichen.

Der Konzern-Erläuterungsbericht ist als integrierter Bestandteil des Konzernabschlusses zu verstehen. Seine Nachweisungen und diejenigen in Konzernbilanz und -erfolgsrechnung dienen in ihrer Gesamtschau der Erkenntnisfindung im Rahmen der Abschlußanalyse.

Eine weitere Aufgabe des Konzerngeschäftsberichtes ist die Darstellung des Konzernaufbaus und des Konsolidierungsbereiches (Bericht über Konzernaufbau und Konsolidierungskreis).

---

[1] Vgl. S. 96 ff.

Die Konzernpublizität kann also unterteilt werden in die Angaben über den Aufbau des Konzerns und den Konsolidierungskreis, den Lagebericht und den Erläuterungsbericht.

Die Verpflichtung zur Aufstellung eines Konzerngeschäftsberichts ergibt sich aus § 329 Abs. 1 Satz 1 AktG.

II. Der Bericht über Konzernaufbau und Konsolidierungskreis

Gemäß § 334 Abs. 1 AktG werden im Konzerngeschäftsbericht die zum Konzern gehörenden Unternehmen mit Sitz im Inland aufgeführt. Aufzuzählen sind mit genauer Firmenangabe die zum Konzern gehörenden inländischen Unternehmen, gleich, ob sie in den Konzernabschluß einbezogen sind oder nicht. Die davon in den konsolidierten Jahresabschluß einbezogenen Unternehmen müssen besonders bezeichnet werden. Wenn gegenüber dem Vorjahr eine Änderung in der Zusammensetzung des Konsolidierungskreises erfolgt ist, muß auf diese hingewiesen werden, weil anderenfalls die Vergleichbarkeit der Abschlüsse eventuell nicht mehr gegeben ist.

Sind inländische Konzerngesellschaften, an denen Unternehmen des Konzerns zu mehr als der Hälfte beteiligt sind, nicht in die Konsolidierung einbezogen, so ist eine Begründung dafür erforderlich (§ 334 Abs. 1 Satz 4 AktG).

Zwei Gründe können der Aufnahme eines Unternehmens in den Konzernabschluß entgegenstehen:

(1) Von einer Einbeziehung wurde abgesehen, weil dadurch die Darstellung wegen der geringen Bedeutung des Konzernunternehmens nicht verfälscht wird (z. B. eine Versicherungsgesellschaft ist maßgeblich an einer kleineren Versicherungsvermittlungsgesellschaft beteiligt) § 329 Abs. 2 Satz 2 AktG (Kann-Vorschrift).

(2) Durch eine Konsolidierung wird der Aussagewert des Konzernabschlusses beeinträchtigt (z. B. Konsolidierung mit branchenfremden Unternehmen) § 329 Abs. 2 Satz 3 AktG (Muß-Vorschrift).

Beruft sich der Vorstand auf eine der beiden Vorschriften, so genügt es nicht, lediglich die gesetzlichen Ausnahmegründe zu wiederholen, sondern es muß dargelegt werden, warum sie im vorliegenden Fall als zutreffend angesehen werden[2].

Sofern keine Konsolidierung der mehrheitlich beherrschten Unternehmen erfolgt, müssen dem Konzerngeschäftsbericht die auf den Stich-

---

[2] Vgl. *Godin - Wilhelmi*, a.a.O., S. 1751.

tag des Konzernabschlusses aufgestellten Jahresabschlüsse beigefügt werden, soweit es sich dabei um Aktiengesellschaften oder Kommanditgesellschaften auf Aktien handelt[3] (letztere Unternehmensform entfällt in der Versicherungswirtschaft).

Konzernunternehmen mit Sitz im Ausland müssen nicht angegeben werden. Wenn sie jedoch in die Konsolidierung einbezogen werden, so ist dieser Tatbestand zu vermerken. Eine Namensnennung ist nicht erforderlich[4].

III. Der Lagebericht

Nach § 334 Abs. 2 Satz 1 AktG ist im Konzerngeschäftsbericht auf den Geschäftsverlauf und die Lage des Konzerns einzugehen.

Insbesondere erscheinen, wie auch in den Einzelabschlüssen[5], folgende Angaben von Bedeutung:

(1) Die Versicherungsarten, die im Geschäftsjahr betrieben worden sind.

(2) Die Bewegungen des Versicherungsbestandes.

(3) Der Einfluß der wesentlichen Gewinn- und Verlustquellen auf das Geschäftsergebnis.

Zu Beginn des Lageberichtes sollten unseres Erachtens nach einer knappen Darstellung des Einflusses der wirtschaftlichen Entwicklung auf die Lage des Konzerns die Gründe für die Entwicklung der Konzernprämieneinnahme, des Schadenverlaufs und der Betriebskosten dargelegt werden.

Neben der Angabe der betriebenen Versicherungsarten (vgl. [2]) bedarf es der Darstellung der Bewegungen des Versicherungsbestandes pro Zweig und des Einflusses der daraus entstandenen Gewinne bzw. Verluste (vgl. [3]) auf das Konzernergebnis.

Da es keine besonderen Vorschriften für den Konzerngeschäftsbericht gibt, besteht die Möglichkeit, die Darlegungen am Grad und Umfang der Publizität in den Geschäftsberichten der Erstversicherer zu orientieren.

Ein besonderer Hinweis sollte erfolgen, wenn in einem Versicherungszweig der Geschäftsverlauf eines oder einer Anzahl von Konzernunternehmen von dem der übrigen wesentlich abweicht.

---

[3] Vgl. § 334 Abs. 1 Satz 5 AktG.

[4] Vgl. *Kropff*, Bruno, a.a.O., S. 450.

[5] Vgl. REVL Druckbericht Nr. 2—4, S. 25; REVSch Druckbericht Nr. 2 und 3, S. 23.

Ausführungen über die Entwicklung des Auslandsgeschäftes sowie über die Rücklagendotierung und die Gewinnverteilung wären daran anzuschließen. Unter den beiden letzten Punkten müßte man auf die Höhe des Bruttoüberschusses nach Steuern[6], auf die Zuweisung zur Rückstellung für Beitragsrückerstattung sowie auf die Zuweisungen bzw. Entnahmen aus den Rücklagen eingehen. Vom verbleibenden Gewinn ist der Betrag, welcher als Dividende ausgeschüttet bzw. auf das folgende Geschäftsjahr vorgetragen wird, anzugeben.

Nach § 334 Abs. 2 Satz 2 AktG muß über Vorgänge von besonderer Bedeutung, welche nach dem Stichtag des Konzernabschlusses eingetreten sind, berichtet werden.

Ferner ist anzugeben, ob bei Konzernunternehmen, die nicht in den Konzernabschluß einbezogen wurden, größere Verluste entstanden oder zu erwarten sind (§ 334 Abs. 2 Satz 3 AktG). Die Vorschrift hat im wesentlichen nur für ausländische Konzernunternehmen Bedeutung, weil sie generell nicht in den konsolidierten Jahresabschluß einbezogen zu werden brauchen. Sie gilt aber auch für Konzerngesellschaften mit Sitz im Inland, bei denen keine mehrheitliche Beteiligung besteht[7].

IV. Der Erläuterungsbericht

1. Die Pflichtangaben gemäß § 334 Abs. 3 AktG

Nach § 334 Abs. 3 AktG sind in jedem Konzerngeschäftsbericht „Angaben zu machen über:

(1) die Ursachen und den bilanzmäßigen Charakter eines nach § 331 Abs. 1 Nr. 3 ausgewiesenen Unterschiedsbetrags;

(2) aus dem Konzernabschluß nicht ersichtliche Haftungsverhältnisse einschließlich der Gestellung von Sicherheiten für Verbindlichkeiten der in den Konzernabschluß einbezogenen Unternehmen;

(3) die rechtlichen und geschäftlichen Beziehungen zu Unternehmen mit Sitz im Inland, die nicht zum Konzern gehören, aber mit einem Konzernunternehmen verbunden sind, ferner über geschäftliche Vorgänge bei diesen Unternehmen, die auf die Lage des Konzerns von erheblichem Einfluß sein können".

In Nr. 1 ist die Kapitalaufrechnungsdifferenz gemeint. Sie entsteht bei der Beteiligungskonsolidierung, wenn der Buchwert der Beteiligung bei der Obergesellschaft von dem Buchwert des Reinvermögens der Tochtergesellschaft abweicht[8].

---

[6] Vgl. S. 137.
[7] Vgl. *Godin - Wilhelmi*, a.a.O., S. 1751.
[8] Vgl. S. 50.

Der in der Konzernbilanz enthaltene Wert kann sich aus mehreren solchen Beträgen zusammensetzen und evtl. ein Saldo sein, falls sich aktive und passive Kapitalaufrechnungsdifferenzen bei einer Bilanzaufstellung ergeben.

Im Erläuterungsbericht muß gezeigt werden, wie sich der Betrag zusammensetzt und ob eine Verrechnung von aktiven und passiven Kapitalaufrechnungsdifferenzen erfolgt ist. Eine Angabe der Entstehungsgründe wäre wünschenswert. Godin-Wilhelmi sprechen sich allerdings dagegen aus. Sie halten Ausführungen darüber für nicht notwendig, „da es sich im Grunde nur um einen buchhalterischen Ausgleichsposten handelt, der für die Aussagekraft des Konzernabschlusses kaum von Bedeutung sein kann . . .“[9].

Daß es sich um einen buchhalterischen Ausgleichsposten handelt, steht fest. Bezüglich des Aussagewertes sollte aber erkannt werden, daß hier eine Position entstanden ist, welche aufgeschlüsselt die teilweise Aufdeckung stiller Reserven bewirkt. Um deren Quellen aufzuzeigen, bedarf es einer Erläuterung ihres Inhalts.

Nach Nr. 2 sind aus dem Konzernabschluß nicht ersichtliche Haftungsverhältnisse einschließlich der Gestellung von Sicherheiten für Verbindlichkeiten der in den Konzernabschluß einbezogenen Unternehmen darzustellen. Damit sind Haftungsverhältnisse gemeint, wie Pfandbestellungen an Forderungen, Wertpapieren und Hypotheken, Sicherungsübereignung, Eigentumsvorbehalt, Nachzahlungsverpflichtungen wegen nicht voll eingezahlter Aktien und Dividendengarantien für nicht zum Konsolidierungskreis gehörige Unternehmen[10].

Angaben zu Nr. 3 gelten für Unternehmen mit Sitz im Inland, die nicht zum Konzern gehören, also nicht für inländische Konzernunternehmen, von deren Aufnahme in den konsolidierten Jahresabschluß abgesehen wurde. Für letztere gilt nicht § 334 Abs. 3 Nr. 3 AktG, sondern § 334 Abs. 1 Satz 1 und Abs. 2 Satz 3 AktG[11].

Eine Vorschrift hinsichtlich der Erörterung der Abschreibungs- und Bewertungsmethoden ist nicht erforderlich, da der Konzernabschluß keine Grundlage für einen Gewinnverwendungsbeschluß darstellt[12]. Die Entscheidung über die Höhe des auszuschüttenden Gewinnes wird bei den einzelnen Konzernunternehmen gefällt. Eine ins einzelne gehende Erörterung der Abschreibungs- und Bewertungsmethoden

---

[9] Vgl. *Godin - Wilhelmi*, a.a.O., S. 1752.

[10] Vgl. *Adler - Düring - Schmaltz*, a.a.O., S. 836 ff.

[11] Diese Unternehmen sind im Konzerngeschäftsbericht namentlich aufzuführen. Entstandene oder zu erwartende größere Verluste sind anzugeben. Vgl. *Godin - Wilhelmi*, a.a.O., S. 1752.

[12] Vgl. ebenda.

kann man daher nicht fordern. Wünschenswert wäre allerdings ein Hinweis auf einen Wechsel der Methoden, sofern er sich im Konzernergebnis bemerkbar macht (Vergleichbarkeit!).

2. Die Angaben zur Konzernbilanz

Um die Darstellung der Erläuterungen zu vereinfachen, sollte man die Angaben auf volle Tausend DM auf- oder abrunden und damit einer in der Industrie verbreiteten Übung folgen. Die Rechnungslegungsvorschriften enthalten für den Geschäftsbericht — im Gegensatz zur Bilanz und Erfolgsrechnung — keine Vorschrift, nach der die Angaben auf Mark und Pfennig genau veröffentlicht werden müssen.

Eine solche Verfahrensweise bedeutet keinen Publizitätsrückschritt, da bei der Analyse der Druckberichte kleinere Werte als tausend DM nicht berücksichtigt werden. Wohl aber würde der Grundsatz der Übersichtlichkeit dadurch gefördert, daß der Erläuterungsbericht von übermäßigem Zahlenmaterial freigehalten würde.

a) Aktiva

α) Grundstücke, Beteiligungen, Wertpapiere

Bei den *Grundstücken* kann man entsprechend den Einzelabschlüssen[13] den Bestand am Ende des Vorjahres aufführen. Die im Geschäftsjahr durch Kauf, Neubau oder Zuschreibung erfolgten Zugänge werden addiert. Abgezogen werden die Abgänge und die Abschreibungen, womit man den Konzernbestand am Ende des Geschäftsjahres erhält.

Die bisherige umfangreiche Publizität über die im Geschäftsjahr erworbenen bzw. veräußerten Grundstücke in den Einzelabschlüssen erscheint für den Konzerngeschäftsbericht überflüssig. Ausführungen mit Ortsangaben und Straßenbezeichnung unter Angabe der auf die Grundstücke entfallenden Aufwendungen haben keinen Aussagewert von Bedeutung, da der Betrachter in der Regel nicht in der Lage ist, den Wert der über das In- und Ausland verstreuten Grundstücke zu ermitteln.

Gewichtiger sind dagegen Ausführungen über die Anwendung und Abwicklung von Rücklagen auf Grund steuerlicher Verordnungen (§ 6 b EStG, Rücklage für Ersatzbeschaffung gemäß Abschn. 35 EStR).

Da im Gegensatz zum Aktiengesetz (§ 151 Abs. 1 AktG) auf eine Aufteilung des Grundbesitzes in der Bilanz verzichtet wurde, ist dies im

---

[13] Hier und im folgenden sind mit dem Hinweis auf die Einzelabschlüsse diejenigen der Erstversicherer gemeint, soweit nicht ausdrücklich auf die Rückversicherer verwiesen wird.

Geschäftsbericht nachzuholen. Die Erläuterungen wären also vorzunehmen nach Beständen an bebauten Grundstücken (unterteilt nach solchen mit Wohn- bzw. Geschäftsbauten) und unbebauten.

Durch die Konsolidierung der Konzerngesellschaften haben die Erläuterungen zur Pos. *Beteiligungen* oft nicht mehr das Gewicht, welches ihnen im Einzelabschluß zukommt, da an die Stelle der Buchwerte der Beteiligungen die Aktiva der Tochtergesellschaften in die Konzernbilanz eingesetzt werden[14]. Andererseits treten die in den Einzelbilanzen enthaltenen Beteiligungen der Untergesellschaften hinzu.

Zu den in deren Bilanzen erscheinenden Beteiligungen können weitere hinzukommen. Sind z. B. mehrere Konzerngesellschaften an einem Unternehmen außerhalb des Konzerns einzeln zu weniger als 25 % beteiligt, so ist dann eine ‚neue‘ Beteiligung in der Konzernbilanz zu aktivieren, wenn sich die Beteiligungsprozentsätze zum für die Aktivierung erforderlichen Wert addieren bzw. diesen überschreiten.

Von den in der Konzernbilanz enthaltenen Beteiligungen sollten der Name, der Nennwert unter Mitteilung darauf lastender Nachzahlungsverpflichtungen und der Bilanzwert angegeben werden. Ferner wäre zu berichten über die Erträge im Geschäftsjahr sowie über Zu- bzw. Abgänge.

Eine Aufteilung der Beteiligungen kann vorgenommen werden in:

(1) Beteiligungen an inländischen Versicherungsunternehmen

(2) Beteiligungen an ausländischen Versicherungsunternehmen

(3) Beteiligungen an sonstigen Unternehmen.

An dieser Stelle muß auch über die Gewinne aus dem Verkauf von Beteiligungen und ihre steuerlichen Auswirkungen auf den Wert der Bilanzposition berichtet werden.

Die in der Konzernbilanz ausgewiesenen *Wertpapierposten:*

Pos. A II 1 a, (3): Aktien und andere Anteilspapiere

Pos. A II 1 b, (5): Wertpapiere, außer Aktien[15]

werden nach ihren Bestandsbewegungen erläutert (Vorjahresbestand + Zugänge ./. Abgänge ./. Abschreibungen).

Die Wertpapiere mit Nominalwertcharakter[16] können wie in den Geschäftsberichten der Erstversicherer aufgegliedert werden in:

---

[14] Vgl. S. 49.

[15] Vgl. S. 38.

[16] Pos. A II 1 b, (5), S. 38.

Anleihen und Schatzanweisungen von Körperschaften öffentlichen
   Rechts,

Kommunalobligationen,

Pfandbriefe,

Industrieobligationen,

übrige Wertpapiere[17].

Die Aussagekraft der Konzernbilanz würde bedeutend erhöht, wenn
Angaben über den Kurswert der Beteiligungen und Wertpapiere gemacht würden.

Schon in den 1954 erlassenen Rechnungslegungsvorschriften befindet
sich ein Vermerk, daß es sich die Aufsichtsbehörde vorbehält, den
Zeitpunkt zu bestimmen, an welchem auch der *Kurswert* der beiden
Posten im Geschäftsbericht angegeben werden muß[18]. Von dieser Möglichkeit ist bisher kein Gebrauch gemacht worden.

Gerade bei Versicherungskonzernen, besonders in der Lebensversicherung, werden Vermögensmassen von besonderer Größenordnung
und volkswirtschaftlicher Funktion agglomeriert. Es erscheint daher
sinnvoll, nicht nur für die Einzelabschlüsse, sondern besonders für den
Konzerngeschäftsbericht Kurswertangaben zu fordern.

Das Argument, daß durch Veröffentlichung der Kurswerte die stillen
Reserven aufgedeckt und damit das Begehren der Aktionäre nach höheren Ausschüttungen geweckt würde, ist nicht stichhaltig. Auch nach dem
neuen Aktienrecht hat die Geschäftsleitung maßgeblichen Einfluß auf
die Ausschüttungspolitik[19].

β) Forderungen

Die Erläuterungen zu den Posten A II 1 b, (1)—(4) (Hypotheken-,
Grund- und Rentenschuldforderungen, Schuldscheinforderungen und
Darlehen, Policedarlehen) werden aufgegliedert nach dem Anfangs-
bestand, den Zu- und Abgängen und den Abschreibungen im Geschäftsjahr. Als Ergebnis erhält man den Bestand am Bilanzstichtag.

Ebenso kann mit den Schuldscheinforderungen gegen den Bund und
die Länder verfahren werden, wobei der Bestand, wie in den Einzelbilanzen üblich, nach der unterschiedlichen Zinshöhe aufgeteilt werden kann.

---

17 Vgl. REVL Nr. 20, S. 26; REVSch Nr. 19, S. 25.
18 Vgl. REVL, Fußnote zu Nr. 13 und Nr. 20, S. 25 f.; REVSch, Fußnote zu
Nr. 12—14, S. 25.
19 Vgl. S. 48 f.

Von einer Aufteilung der Schuldscheinforderungen und Darlehen nach Schuldnergruppen, wie bei den Erstversicherern üblich[20], kann abgesehen werden, da die Angaben für analytische Zwecke keine große Bedeutung haben.

Die Forderungen an verbundene, aber nicht zum Konsolidierungskreis gehörende Versicherungsunternehmen (Pos. A III 2) gliedert man nach den einzelnen Gesellschaften auf in solche aus gestellten Sicherheiten und sonstige Forderungen.

Auf die Forderungen an nicht verbundene Versicherungsunternehmen wird weder in den Einzel- noch in den bisher veröffentlichten Konzerngeschäftsberichten eingegangen. Die durch die Konzernbilanz gegebene Aufgliederung in Depot- und sonstige Forderungen erscheint ausreichend.

γ) übrige Aktiva

Die liquiden Anlagen (Pos. A II 2) bedürfen in der Regel keiner Erläuterung.

Die Forderungen an Vertreter und Versicherungsnehmer (Pos. A III 3) sollten aufgeteilt werden in solche, die auf Vertreter, technisch gestundete Beiträge und sonstige Forderungen an Versicherungsnehmer entfallen.

Auf die Forderungen aus Krediten nach § 89 und 115 AktG, die Zins- und Mietforderungen und die sonstigen Aktiva sollte man nur eingehen, soweit es sich um größere Beträge handelt. Bei den letzteren wären die Forderungen an verbundene, branchenfremde Unternehmen zu erwähnen[21].

Wissenswert sind ferner die Bestandsbewegungen der Position „Betriebseinrichtung". Zugänge, Abgänge und Abschreibungen im Berichtsjahr wären zu vermerken, da hier durch überhöhte Aufwendungen in der Regel stille Reserven gelegt werden.

Sofern Differenzen zwischen den Rückgriffsforderungen und den Verbindlichkeiten aus Bürgschaften und Gewährleistungsverträgen bestehen, sind die Gründe dafür darzulegen.

Schließlich ist der Bilanzwert der gebundenen Vermögensgegenstände anzugeben. Es handelt sich hierbei nicht um Deckungsstockvermögen, sondern um alle übrigen Gegenstände, an denen Aussonderungs- bzw. Absonderungsrechte bestehen[22].

---

[20] Vgl. REVL Nr. 10, S. 25, REVSch Nr. 9, S. 24.
[21] Vgl. S. 40.
[22] Vgl. S. 98.

b) *Passiva*

α) Eigenkapital, Korrekturposten

Einer Erläuterung des Postens „Grundkapital" bedarf es, sofern Aktien mit unterschiedlichem Nennwert oder Stimmrecht ausgegeben werden[23]. Haben Kapitalerhöhungen bzw. -herabsetzungen in der Rechnungsperiode stattgefunden, so wird man darüber ebenso berichten wie über die Höhe des genehmigten Kapitals.

Eine Teileinzahlung der Aktien wird durch den aktiven Korrekturposten „Ausstehende Einlagen auf das Grundkapital" ersichtlich. Es müssen hier nur die ausstehenden Einlagen auf das Grundkapital der Obergesellschaft genannt werden, da das Grundkapital und der Korrekturposten der konsolidierten Unternehmen bei der Beteiligungskonsolidierung untergehen[24].

Haben bei den Rücklagen Bestandsbewegungen stattgefunden, so wird man über den Vorjahresendbestand und den Zugang bzw. Abgang im Geschäftsjahr berichten.

Obwohl der „Sonderposten mit Rücklagenanteil" (§ 152 Abs. 5 AktG), wie oben bereits erwähnt, keinen reinen Eigenkapitalcharakter besitzt, kann an dieser Stelle auf ihn eingegangen werden.

Es werden die Posten zusammengefaßt, welche auf Grund steuerlicher Vorschriften[25] dazu beitragen, daß die Besteuerung des Betrages durch erfolgsmindernde Bildung einer Rücklage aufgeschoben wird. Sie muß aber innerhalb einer gewissen Frist aufgelöst werden und dabei das Ergebnis erhöhen. Der Posten ist also teils echte Rücklage (bei § 6 b EStG, sofern fristgerechte Neuanschaffung) teils Rückstellung für die bei der Auflösung entstehende Steuerschuld.

In der Versicherungswirtschaft kann es vorkommen, daß durch Verkauf von Grundstücken, Beteiligungen oder Wertpapieren an dieser Stelle erhebliche Beträge auftauchen. Es ist daher erforderlich, über die Bestandsbewegungen im Rechnungsjahr sowie über die Entstehung und Wiederverwendung zu berichten.

Die Höhe des passiven „Ausgleichspostens für Anteile in Fremdbesitz" ist gemäß § 331 Abs. 1 Nr. 2 AktG durch den Anteil konzernfremder Gesellschafter am Grundkapital, an den offenen Rücklagen und am Erfolg der Untergesellschaften bestimmt.

---

[23] Vgl. auch REVL Nr. 34, S. 27; REVSch Nr. 37, S. 26 f.; REVR Nr. 28, S. 114.
[24] Vgl. S. 49 f.
[25] Vgl. S. 99.

Im Konzerngeschäftsbericht ist der Bilanzposten nach dem auf das Eigenkapital sowie nach dem auf den Erfolge entfallenden Teil aufzugliedern[26].

Auf den gemäß § 331 Abs. 1 Nr. 3 AktG auszuweisenden Unterschiedsbetrag wurde oben schon eingegangen[27].

Die Wertberichtigungen kann man entweder an dieser Stelle oder bei den Erläuterungen zur konsolidierten Erfolgsrechnung besprechen. Um sie zusammen mit den dem Aufwandscharakter nach gleichen Abschreibungen betrachten zu können, sollte die letztere Lösung verwirklicht werden.

β) Technische Passiva

Für den Aussagewert eines Geschäftsberichtes ist es gleich, ob die Erläuterungen der technischen Passiva in den Ausführungen zur Bilanz oder zur Erfolgsrechnung erfolgen.

Für die erstere Lösung spricht, daß primär die *Bestände* aufgegliedert werden, woraus sich die Veränderungen im Geschäftsjahr ergeben. Nach Einführung des Umsatzsaldoprinzips durchlaufen die versicherungstechnischen Rückstellungen nicht mehr die Erfolgsrechnung, sondern sind in voller Höhe nur noch aus der Bilanz ersichtlich. Es liegt deshalb nahe, sie gemeinsam mit den übrigen Bilanzposten zu erläutern.

Die Publizität über die technischen Passiva stellt einen der wichtigsten Punkte des Abschlusses dar. Daher ist es wesentlich, Angaben von Qualität zu machen, die hinreichenden Aussagewert gewährleisten. Möglichkeiten einer Annäherung an dieses Ziel sollen im folgenden aufgezeigt werden.

Die *Deckungsrückstellung* ist netto, getrennt nach selbstabgeschlossenem und übernommenem Geschäft, aufzuführen mit dem Stand am Ende des Vorjahres, den Veränderungen und dem Stand am Ende des Geschäftsjahres. Dabei werden die Werte nach den einzelnen Versicherungszweigen getrennt angegeben. Zusätzlich dazu sollte man die Anteile der Rückversicherer in der gleichen Aufteilung zum Beginn und zum Ende des Geschäftsjahres veröffentlichen, so daß man die Bruttoveränderung der Deckungsrückstellung ermitteln kann.

Die Aufteilung nach Versicherungszweigen hat insofern informativen Wert, als dadurch die Rückstellungen hinsichtlich ihrer Bestandteile, welche heterogenen Charakter tragen, transparent werden.

Die Werte aus der Schadenversicherung entstehen aus zugesagten Renten. Der Versicherungsfall ist hier also bereits eingetreten, während

---

[26] Vgl. § 331 Abs. 1 Nr. 2 AktG.
[27] Vgl. S. 97 f.

er für die Lebenssparte noch nicht vorliegt. Es handelt sich bei letzteren Werten um die Sparanteile der Versicherungsnehmer.

Auf den Erkenntniswert des Konzerngeschäftsberichtes würde es sich vorteilhaft auswirken, wenn die *Beitragsüberträge* und die *Schadenrückstellung* wie die Deckungsrückstellung erläutert würden.

Die *Schwankungsrückstellung* aus der Sachversicherung wird einschließlich der Rückstellung für Risiken von Atomanlagen mit ihrem Stand zu Beginn der Rechnungsperiode, ihren Veränderungen im Geschäftsjahr und ihrem Endbestand angegeben. Rückversichereranteile hieran bestehen ex definitione nicht[28].

Die *Rückstellung für Beitragsrückerstattung* und die *sonstigen technischen Rückstellungen* können im Konzerngeschäftsbericht wie die Schwankungsrückstellung behandelt werden. Erstere sollte nach Lebens- und Sachanteilen getrennt aufgeführt werden. Die sonstigen technischen Rückstellungen wären in ihre wesentlichen Bestandteile zu zerlegen, wie z. B. die Rückstellungen für Schadenbearbeitungskosten, für Verwaltungskosten für beitragsfreie Zeiten, für Storni und die Rückstellung aus der Währungsumstellung.

γ) Verbindlichkeiten und übrige Passiva

Die Verbindlichkeiten gegenüber verbundenen, nicht konsolidierten Versicherungsunternehmen sind, wie die entsprechenden Forderungen, jeweils für die einzelnen Gesellschaften gesondert nach solchen aus gestellten Sicherheiten und sonstigen Verbindlichkeiten zu erläutern. Die Verbindlichkeiten gegenüber nicht verbundenen Versicherungsunternehmen bedürfen keiner weiteren Erläuterung, da die Aufschlüsselung in der Konzernbilanz in gestellte Sicherheiten und sonstige Verbindlichkeiten hinreichend erscheint.

Hinsichtlich des materiellen Gehaltes gilt, daß Umfang und Bedeutung der Verbindlichkeiten aus gestellten Sicherheiten zunehmen, wenn man § 67 VAG nicht als für die Bilanzierung maßgeblich ansieht. In diesem Falle wird nämlich die Deckungsrückstellung netto verbucht, und die Beträge, welche auf das rückversicherte selbstabgeschlossene Geschäft entfallen, müssen in dieser Position erfaßt werden[29].

Auf die Verbindlichkeiten aus Bürgschaften und Gewährleistungsverträgen wurde bei den entsprechenden Forderungen eingegangen[30].

---

[28] Vgl. S. 59.
[29] Vgl. S. 58 f.
[30] Vgl. S. 102.

Da es sich bei den Verbindlichkeiten gegenüber Vertretern und Versicherungsnehmern um relativ kleine Beträge handelt, bedürfen sie in der Regel keiner Erläuterung.

Von den *allgemeinen Rückstellungen* sollten die größeren Posten, wie die Pensions-, Steuer- und Prozeßkostenrückstellung, aufgeführt werden.

Das Konglomerat „*Sonstige Passiva*" setzt sich in der Konzernbilanz aus einer noch größeren Anzahl von Posten zusammen, als es in der Einzelbilanz der Fall ist. Darin sind auch die Verbindlichkeiten gegenüber verbundenen branchenfremden Konzernunternehmen, welche nicht konsolidiert wurden, enthalten[31]. Sofern diese Verbindlichkeiten größeren Umfang annehmen, müssen sie angegeben werden. Ferner ist die Höhe der Hypotheken- und Grundschulden auf dem eigenen Grundbesitz von Interesse.

Daneben sind noch wesentlich:

abzuführende Steuern und Abgaben,

noch nicht gezahlte Bezüge und Pensionen,

noch abzuführende Gehaltsabzüge und Sozialbeiträge,

Restschulden für angeschaffte Vermögensanlagen.

Die passiven Rechnungsabgrenzungen haben nicht wegen ihrer Höhe, sondern wegen ihrer Funktion Bedeutung für den Jahresabschluß. Hier wird man lediglich auf die größeren Beträge eingehen (vorausgezahlte äußere Kosten aus der Lebensversicherung, Zinsen und Mieten, Disagiobeträge).

3. Die Angaben zur Konzernerfolgsrechnung

a) Prämien und Leistungen für Versicherungsfälle

Die Lebensversicherer räumen der Publizität über die *Prämieneinnahmen* breiten Raum ein. Der Betrag des Vor- und des Geschäftsjahres wird getrennt nach selbstabgeschlossenen und übernommenen Versicherungen dargestellt. Für erstere wird die Zusammensetzung in laufende und Einmalbeiträge aufgezeigt, wobei eine weitere Unterteilung in Kapital-, Renten- und sonstige Versicherungen erfolgt[32].

Die Schaden- und Unfallgesellschaften berichten über die Beitragseinnahmen je Versicherungszweig sowohl für eigene als auch für die Gesamtrechnung unter Vergleich der Vorjahreszahlen. Für die Aufteilung in direktes und indirektes Geschäft besteht eine Sollvorschrift[33].

---

[31] Vgl. S. 40.
[32] Vgl. REVL Nr. 25, S. 26.
[33] Vgl. REVSch Nr. 26, S. 26.

Die professionellen Rückversicherer sind gehalten, den Prämieneinnahmen für die in der Erfolgsrechnung gesondert auszuweisenden Versicherungszweige bzw. Gruppen von Versicherungszweigen die Vorjahreszahlen gegenüberzustellen[34].

Für den Konzerngeschäftsbericht wäre eine Regelung nach Art der Schaden- und Unfallversicherer wünschenswert, allerdings mit einer weiteren Aufteilung der Zahlen in direktes und indirektes konzernexternes Geschäft. Die Angaben wären für jeden Versicherungszweig einschließlich der Vorjahreswerte erforderlich, wobei von einer Aufteilung der Lebenssparte abgesehen werden kann.

Die konzernexternen *Rückversicherungsbeiträge* je Versicherungszweig ergeben sich aus der Differenz des jeweiligen Bruttobeitrags und der Prämie für eigene Rechnung.

Die Erläuterungen der gezahlten und zurückgestellten *Leistungen für Versicherungsfälle* beziehen sich in den Einzelabschlüssen der Lebens- und Schaden- und Unfallversicherer auf das selbstabgeschlossene Geschäft.

Während erstere die Bruttoangaben nach bezahlten und zurückgestellten Beträgen für Vorjahre und für das Geschäftsjahr getrennt darstellen[35], geben die letzteren die Brutto- und die Nettowerte für das Vor- und das Geschäftsjahr ohne Aufteilung in gezahlte und zurückgestellte Werte an[36]. Außerdem gewähren sie in ihrer Spartenerfolgsrechnung einen Einblick in die Höhe der Netto-Leistungen für Versicherungsfälle für das direkte und indirekte Geschäft.

Zusätzlich machen die Lebensversicherer noch Angaben über die gezahlten und zurückgestellten Beträge für noch nicht abgewickelte Versicherungsfälle und Rückkäufe (brutto und netto im Jahresvergleich) sowie über die Aufwendungen für Versicherungsfälle des indirekten Geschäftes (im Jahresvergleich).

Die Rechnungslegungsvorschriften der Rückversicherer enthalten keine Vorschrift für die Erläuterung der Leistungen für Versicherungsfälle.

Im folgenden gilt es zu prüfen, inwieweit die Nachweisungen in den Einzelerfolgsrechnungen beispielhaft für die Konzernerfolgsrechnung sein können.

Wegen des Ausweises der Versicherungsleistungen in einer Summe in der Konzernerfolgsrechnung wird es nötig, eine Aufgliederung nach Versicherungszweigen im Konzerngeschäftsbericht vorzunehmen.

---

[34] Vgl. REVR Nr. 21, S. 113.

[35] Vgl. REVL Nr. 24, Satz 1, S. 26.

[36] Vgl. REVSch Nr. 27, S. 26.

Für die Veröffentlichung im Druckbericht sollen folgende drei Vorschläge unterbreitet werden:

(1) Die Leistungen für Versicherungsfälle für eigene Rechnung werden für jeden Zweig nach Zahlungen, Veränderung der Schadenrückstellung und Gesamtleistung getrennt aufgeführt.

Zusätzlich gibt man die Beträge für das direkte Geschäft nach Versicherungszweigen für Vorjahres- und Geschäftsjahresschäden jeweils brutto und netto im Jahresvergleich an.

(2) Die Leistungen für Versicherungsfälle einschließlich der Veränderung der Schadenrückstellung werden für das Geschäftsjahr brutto und netto sowie für das Vorjahr netto (um einen Jahresvergleich zu ermöglichen) für die verschiedenen Zweige nach direktem und indirektem Geschäft getrennt veröffentlicht. Die Zahlungen können aus der Differenz des Gesamtbetrages und der Veränderung der Schadenrückstellung brutto und netto ermittelt werden. Die Darlegungen über die selbstabgeschlossenen Versicherungen erfolgen wie unter (1).

(3) Es wird eine Darstellung wie unter (2) Satz 1 gewählt. Zusätzlich erfolgt eine weitere Unterteilung in Beträge für Vorjahre und für das Geschäftsjahr.

Welche dieser Möglichkeiten realisiert wird, ist eine Frage der Publizitätsfreudigkeit. Zweifellos ist hinsichtlich einer optimalen analytischen Ergiebigkeit die letzte die geeignetste.

Nachstehend soll der Publizitätsumfang noch einmal in tabellarischer Form dargestellt werden[37].

Der erste Vorschlag entspricht dem Publizitätsgrad der Schaden- und Unfallversicherer[38]. Die Leistungen für Versicherungsfälle für eigene Rechnung werden wie in deren Spartenerfolgsrechnung aufgeteilt. Lediglich statt der Aufführung der Rückstellung und deren Übertrag aus dem Vorjahr erfolgt ein Ausweis dieser Posten nach dem Umsatzsaldoprinzip.

Aus den Daten nach Vorschlag 1 a) kann nur die Nettoschadenquote für das Gesamtgeschäft und die einzelnen Zweige ermittelt werden[39]. Durch eine Darstellung wie unter 1 b) und 2 b) wird eine Berechnung der Bruttoschadenquote und der Abwicklungsgewinne aus der Schadenrückstellung[40] für die selbstabgeschlossenen Versicherungen möglich.

---

[37] Vgl. S. 109.
[38] Vgl. REVSch, Druckbericht Nr. 27, S. 26.
[39] Vgl. S. 126 f.
[40] Vgl. S. 127 ff.

Vorschlag 1:

a) Leistungen für Versicherungsfälle für eigene Rechnung

Versicherungs-zweige	Zahlungen	Veränderung der Schaden-rückstellung	Gesamt-leistung

b) Leistungen für Versicherungsfälle für selbstabgeschlossene Versicherungen (gezahlt u. zurückgestellt)

	für Vorjahre		für das Geschäftsjahr	
	in 1970	in 1971	in 1970	in 1971
(1) brutto Zweig A Zweig B				
(2) netto Zweig A Zweig B				

Vorschlag 2:

a) Leistungen für Versicherungsfälle einschl. Veränderung der Schaden-rückstellung

	brutto	netto	netto (Vorjahr)
(1) selbstabgeschlossenes Geschäft Zweig A Zweig B			
(2) übernommenes Geschäft Zweig A Zweig B			

b) wie Lösung 1 b)

Vorschlag 3:

Zusätzliche Angaben über auf das Vor- und das Geschäftsjahr entfallende Werte für die Beträge der Hauptspalten in Lösung 2 a.

Bei Realisation des Vorschlages 2 wird zudem durch die Nachweisungen unter 2 a) die Bruttoschadenquote für das Gesamtgeschäft und die verschiedenen Zweige ermittelbar. Durch eine Gestaltung der Erläuterungen wie in Vorschlag 3 dargelegt, können außerdem die Bruttoschadenquote und der Abwicklungsgewinn für das konzernextern übernommene Geschäft errechnet werden.

Auf die Veränderungen der technischen Passiva wurde bereits bei den Ausführungen über die entsprechenden Posten der Konzernbilanz eingegangen[41].

b) Betriebskosten

Mit dem Abgehen von der Spartenerfolgsrechnung entsteht hinsichtlich der Veröffentlichungen über die Kosten in der Konzernerfolgsrechnung eine Publizitätseinbuße. Diesen Nachteil wieder auszugleichen, ist eine der Aufgaben des Konzerngeschäftsberichtes. Das Problem kann bezüglich der Kosten auf zweierlei Weise gelöst werden:

(1) Die vier in der Konzernerfolgsrechnung ausgewiesenen Kostenarten[42] werden jeweils für sich nach Versicherungszweigen aufgeteilt.

(2) Die Summe der vier Kostenpositionen wird nach Versicherungszweigen aufgeteilt.

Für die Verwirklichung der zweiten Lösung spricht, daß dadurch der Konzerngeschäftsbericht von Zahlenmaterial, dem kein äquivalenter Aussagewert gegenübersteht, freigehalten wird.

Neben der Aufstellung nach (2) bedarf es weiterer Ausführungen zu den einzelnen Posten der Konzernerfolgsrechnung.

Die „Provisionen für eigene Rechnung" sollte man in auf den Sach- und den Lebensbereich entfallende Werte aufteilen. Bei den letzteren können die zwei Abschlußkostenwerte gesondert angeführt werden.

Vorschriften wie § 160 Abs. 3 Nr. 8 und 9 AktG (Angabe der Vergütungen für Aufsichtsrats- und Vorstandsmitglieder), welche bei den Erläuterungen zu den Verwaltungskosten berücksichtigt werden müßten, bestehen für den Konzernabschluß nicht[43].

Da die sozialen Aufwendungen (Pos. 11) in der Konzernerfolgsrechnung nicht aufgeschlüsselt werden, ist es Aufgabe des Erläuterungsberichtes, deren Zusammensetzung nach Sozialabgaben, Aufwendungen für Altersversorgung und Unterstützung (einschl. Zuführung zur Pen-

---

41 Vgl. S. 104 f.

42 Schadenbearbeitungskosten, Provisionen, Verwaltungskosten, soziale Aufwendungen (sämtliche für eigene Rechnung); vgl. S. 70.

43 Vgl. *Kropff,* Bruno, a.a.O., S. 450.

sionsrückstellung) sowie sonstigen freiwilligen sozialen Aufwendungen aufzuzeigen. Abschließend ist die Höhe der Kostenerstattungen der konzernexternen Rückversicherer zu vermerken.

Organisationsabkommen im Außen- und Innendienst beeinflussen im Konzern die Betriebskosten wesentlich. Über ihren Umfang und ihre Auswirkung sowie über Personalunionen in Vorständen und Aufsichtsräten der Konzernunternehmen kann an dieser Stelle berichtet werden.

c) Posten der Vermögensverwaltung

Den Umfang der Erläuterungen der Erträge aus Vermögensanlagen (Pos. 12) kann man an den Veröffentlichungen in den Druckberichten der Erstversicherer orientieren[44].

Der Konzerngeschäftsbericht enthält dann Nachweisungen über die Höhe der Zinserträge[45], der Erträge aus Grundvermögen mit Angabe der darauf entfallenden Aufwendungen (ohne Grundstücksabschreibung), der Erträge aus Beteiligungen und über die sonstigen Vermögenserträge.

Wünschenswert wäre noch eine Notiz über die in den Zinseinnahmen enthaltenen Depot- bzw. Saldenzinsen sowie über den Anteil der Rückversicherer an den Vermögenserträgen, weil diese Größen bei der Analyse des Rückversicherungsgeschäftes benötigt werden[46].

Die wesentlichen Bestandteile der Gewinne bzw. Verluste aus Vermögensanlagen (Pos. 13 und 14) sind unter Berücksichtigung der Bilanzgliederung darzulegen. Die auf Wertpapiere und Beteiligungen entfallenden Beträge dürften von besonderem Interesse sein.

Die Abschreibungen und Wertberichtigungen auf Vermögensanlagen (Pos. 16) werden nach den Quellen ihrer Entstehung erläutert. Hier erscheinen (gesondert) die Werte für das Grundvermögen, die Beteiligungen, die Wertpapiere (in Pos. A II 1 a, [3] und Pos. A II 1 b, [5]) und die verschiedenen Posten der Darlehenshingabe (Pos. A II 1 b, [1]—[4])[47] sowie gegebenenfalls Wertminderungen der Forderungen für einbehaltene Sicherheiten.

Auf die sonstigen Abschreibungen und Wertberichtigungen wird im Rahmen des Restergebnisses eingegangen[48].

---

44 Vgl. REVL Nr. 29 und 32, S. 27; REVSch Nr. 32 und 35, S. 26.

45 Diese Zinserträge sind bereits gekürzt um die an konzernexterne Rückversicherer gezahlten Zinsen (vgl. S. 81) nicht jedoch um die Kosten der Vermögensverwaltung.

46 Vgl. S. 132, 134 f.

47 Vgl. S. 38.

48 Vgl. S. 114 f.

Die Zinsaufwendungen (Pos. 15) bestehen aus einem unübersichtlichen Konglomerat. Größere Beträge machen in der Regel die Zinsen auf angesammelte Gewinnanteile der Versicherungsnehmer in der Lebensversicherung, die gezahlten Saldenzinsen, Zinsen auf vorauserhaltene Prämien oder eventuelle Bankkredite aus.

Die Kosten der Vermögensverwaltung sind aus der Konzernerfolgsrechnung ersichtlich (Pos. 17).

d) Versicherungstechnisches Ergebnis

Die Rechnungslegungsvorschriften für die Schaden- und Unfallversicherungsunternehmen sehen eine Zweiteilung der Erfolgsrechnung in einen versicherungstechnischen und einen nichttechnischen Teil vor.

Die technische Rechnung enthält die Einnahmen und Ausgaben nach Versicherungszweigen. Die Differenz zwischen beiden ergibt den technischen Erfolg der einzelnen Versicherungsarten bzw. in der Summe den technischen Erfolg für das Gesamtgeschäft. Letzterer wird ebenso wie der nichttechnische Gewinn bzw. Verlust nachrichtlich („unter dem Strich") mitgeteilt.

„Das Kriterium für die Zuordnung der einzelnen Ertrags- und Aufwandsposten zur technischen und/oder nichttechnischen Rechnung ist die Möglichkeit ihrer Verteilung auf die verschiedenen Sparten. Die Bezeichnung als ‚versicherungstechnische' und ‚nichtversicherungstechnische' Rechnung ist also nicht ganz zutreffend, da der größte Teil der in der nichttechnischen Rechnung verbuchten Posten letztlich ebenso aus dem Versicherungsgeschäft resultiert wie diejenigen der technischen Rechnung[49]."

Braeß und Farny sprechen der nichttechnischen Rechnung einen eigenen Aussagewert ab. Sie besitze kein Eigenleben und sei „in betriebswirtschaftlicher Sicht ein Torso ohne eigenen Sinn, ein Ausschnitt aus der Gesamtrechnung"[50]. Ihr Erfolg besage im Grunde nichts, was schon daraus hervorgehe, daß „die nichttechnische Rechnung bei den meisten Versicherungsunternehmen mit einem ‚Verlust' abschließt, weil sie die großen Aufwandsblöcke der Steuern und (meist) der Altersversorgung enthält"[51].

Die technische Rechnung vermag dagegen, für sich betrachtet, „bis zu einem gewissen Grade Auskunft über die Ergebnisse der Versicherungszweige zu geben, indem sie die den einzelnen Sparten zurechen-

---

[49] Braeß, Paul und Dieter Farny: Methoden und Technik der externen Erfolgsanalyse (Sach- und Rückversicherung), S. II.
[50] Ebenda.
[51] Ebenda.

baren Erträge und Aufwendungen (aber nur diese) einander gegenübergestellt. Man darf dabei aber nicht übersehen, daß ihre Aussagekraft beschränkt ist, weil ein Teil der Erträge und Aufwendungen,
nämlich die nicht verteilungsfähigen Spartengemeinkosten und -erträge
fehlen"[52].

Der vorstehende Vorschlag für die Gliederung der Konzernerfolgsrechnung[53] sieht weder eine Zweiteilung noch eine Spartenerfolgsrechnung des ersten Teils vor. Dennoch bleibt zu überdenken, ob man auf
eine Veröffentlichung der Ergebnisse der Versicherungszweige völlig
verzichten soll.

Trotz aller Mängel der Ermittlung und Aussage eines technischen
Ergebnisses erscheint es besser, ein solches zu publizieren als darüber
zu schweigen. Selbst wenn keine absolute Richtigkeit erzielt wird, wird
dadurch Einblick in die Entwicklung des Beitrages der einzelnen Sparten zum Gesamterfolg gewährt.

Ausgangspunkt der Ermittlung eines technischen Konzernergebnisses
soll das Schema sein, nach welchem die Schaden- und Unfallversicherer
verfahren. Es enthält folgende Komponenten:

Beitragseinnahmen einschließlich Nebenleistungen der Versicherungs-
nehmer
+ Vermögenserträge aus dem Deckungsstock
+ Gewinne aus Vermögensanlagen des Deckungsstocks
+ sonstige technische Einnahmen
./. Rückversicherungsbeiträge
./. Leistungen für Versicherungsfälle (gezahlt)
./. Veränderungen der technischen Passiva
./. Betriebskosten
./. Verluste aus Vermögensanlagen des Deckungsstocks
./. gesetzliche Beitragsrückerstattung
./. sonstige technische Ausgaben.

Für die Sachzweige kann nach dem vorstehenden Schema weiterhin
verfahren werden. Die technischen Posten der professionellen Rückversicherer kann man ohne Schwierigkeiten in das Schema aufnehmen,
wogegen einige Werte der Lebensversicherung sich nicht einordnen
lassen.

Die Beitragseinnahmen und die Rückversicherungsbeiträge der Lebensversicherer können (nach Saldierung der konzerninternen Werte)
übernommen werden.

Es wäre möglich, die laufenden und außerordentlichen Erträge des
Deckungsstockvermögens dem Ergebnis der Vermögensverwaltung zu

---

[52] *Braeß*, Paul und Dieter *Farny:* Methoden und Technik der externen
Erfolgsanalyse (Sach- und Rückversicherung), S. II.
[53] Vgl. S. 70 f.

entnehmen. Subtrahiert man dann (entsprechend der gesetzlichen Beitragserstattung in der Kraftfahrtversicherung) die Beitragsrückerstattung der Lebensversicherer, so würde das technische Konzernergebnis zu negativ dargestellt.

Addiert würde im vorstehenden Schema lediglich ein Teil der Vermögenserträge, nämlich die des Deckungsstocks. In Abzug gebracht würde die (gesamte) Beitragsrückerstattung, die sich nach dem Gesamtergebnis des Lebensgeschäftes, mithin auch an den gesamten Vermögenserträgen orientiert.

Es erscheint daher unseres Erachtens richtiger, sowohl das gesamte Ergebnis der Vermögensanlage als auch die volle Höhe der Beitragsrückerstattung in das Schema eingehen zu lassen.

Die sonstigen Einnahmen bzw. Ausgaben bereiten ebenfalls Schwierigkeiten. Es wäre möglich, die ‚technischen‘ Bestandteile von den außerordentlichen und betriebsfremden abzusondern; das aber schlägt arbeitsmäßig zu Buche. Beim Überwiegen der aperiodischen und betriebsfremden Teile wäre es kein großer Fehler, die Posten nicht zu berücksichtigen.

Die Betriebskosten für die Lebenssparte sind eindeutig bestimmbar. Sie setzen sich aus den Schadenbearbeitungskosten, den beiden Abschlußkostenarten und den Kosten der laufenden Verwaltung zusammen, von denen (im Konzernabschluß) die Kostenerstattungen der Rückversicherer abgesetzt werden.

Ein Berechnungsschema nach den vorstehenden Leitlinien entspricht zwar nicht völlig dem der Schaden- und Unfallversicherer; dies ist jedoch durch die versicherungstechnischen Eigenarten der Lebensversicherung bedingt.

e) Restergebnis

Das Restergebnis enthält die Erträge aus Zuschreibungen, aus der Auflösung von Wertberichtigungen und allgemeinen Rückstellungen, die sonstigen Erträge sowie als Aufwendungen die Abschreibungen und Wertberichtigungen, soweit sie nicht beim Ergebnis der Vermögensverwaltung erfaßt wurden, die Aufwendungen aus der Verlustübernahme eines nicht in den Konzernabschluß einbezogenen Unternehmens und die sonstigen Aufwendungen[54].

Die Erträge aus Zuschreibungen und solche aus der Auflösung von Wertberichtigungen und allgemeinen Rückstellungen zeigen die Auflösung stiller Reserven an, die willkürlich oder durch Fehleinschätzung

---

[54] Vgl. S. 71.

der Abnutzungsdauer (bei materiellem Vermögen), der Bonität von Schuldnern (Forderungen) und der drohenden Schulden (Steuerrückstellung, Rückstellung für Prozeßkosten) entstanden sein können. Hier besteht also die Möglichkeit, Manipulationen des Konzerngewinnes vorzunehmen.

In Jahren guten Geschäftsverlaufs wird man nicht mit einer buchmäßigen Aufbesserung des Ergebnisses rechnen müssen, aber in Zeiten nachlassender Erfolge sind hier Ansatzpunkte für eine rein buchmäßige Erhöhung des Ergebnisses vorhanden. Daher ist es notwendig, auf die Herkunft (Bilanzposten) der in den beiden Posten enthaltenen Werte zu verweisen.

Ferner bedürfen die unter Pos. 21 gesammelten Abschreibungen und Wertberichtigungen der Erläuterung. Da diejenigen auf Vermögensanlagen bereits an anderer Stelle berücksichtigt wurden[55], muß hier auf die Wertminderungen der übrigen Bilanzposten eingegangen werden, wie solche bei Forderungen aus dem Rückversicherungsgeschäft (bezüglich der Abrechnungssalden), bei Forderungen an Vertreter und Versicherungsnehmer, sonstigen Aktiva und beim Inventar.

Gemäß § 333 Abs. 2 Nr. 13 AktG ist ein besonderer Posten für die Aufwendungen aus der Übernahme des Verlustes eines nicht in den Konzernabschluß einbezogenen Unternehmens in die konsolidierte Erfolgsrechnung einzustellen. Sie können aus Ergebnisabführungsverträgen mit Tochtergesellschaften herrühren. Es wäre hierbei anzugeben, um welches Unternehmen es sich handelt, welche Ursachen die Verluste entstehen ließen und gegebenenfalls, ob sie im folgenden Geschäftsjahr anhalten werden.

Die Position wird für die Versicherungswirtschaft voraussichtlich ohne große Bedeutung bleiben, da die Aufsicht Ergebnisabführungsverträgen gegenüber eine negative Haltung einnimmt.

Bei den sonstigen Aufwendungen und Erträgen bedürfen nur die größeren Beträge der Erläuterung. Nach Behandlung der (außerordentlichen) Erträge aus dem Verkauf von Vermögensanlagen bei den Gewinnen aus Vermögensanlagen (Pos. 14) wären hier als Aufwendungen die Zuführung zu den Sonderposten mit Rücklageanteil (Rücklage nach § 6 b EStG, Rücklage für Ersatzbeschaffung), die Zinsen auf die Rückstellung für Pensionsverpflichtungen, die Zuführung zu den allgemeinen Rückstellungen (mit Ausnahme der Zuführung zur Pensionsrückstellung)[56], die Kosten der Versicherungsvermittlung und andere (z. B. Kosten einer Kapitalerhöhung, Währungskursverluste) zu nennen.

---

[55] Vgl. S. 111 und Pos. 16, S. 71.
[56] Sie wird bei den sozialen Aufwendungen berücksichtigt; vgl. S. 85.

Zu den sonstigen Erträgen zählen die außerordentlichen Erträge aus Inventarabgängen, Zugänge zu Ausgleichsforderungen, Erträge (Zinsen) aus Vorjahren und Währungskursgewinne.

f) Gewinnverwendung und statistische Angaben

Bei der Gewinnverwendung kann man unterscheiden zwischen einer freiwilligen (durch die Hauptversammlung; § 174 Abs. 1 AktG) und einer solchen auf Grund von Vorschriften einer zwangsweisen Gewinnverwendung. Die letztere beinhaltet im wesentlichen die Zahlung von Steuern und öffentlichen Abgaben, welche dem Konzern einen Großteil des erwirtschafteten Erfolges entzieht.

In der Erfolgsrechnung werden die Steuern (Pos. 25) aufgeteilt in diejenigen vom Einkommen, Ertrag und Vermögen (Körperschaft-, Gewerbe- und Vermögensteuer) und sonstige Steuern und Abgaben (Umsatzsteuer für Hilfsgeschäfte, Beitragszahlungen an das Aufsichtsamt und Verbände usw.).

In den Geschäftsberichten werden dazu meist keine Erläuterungen gegeben, und wenn, so nur zu den sonstigen Steuern und Abgaben.

Die Position „Steuern vom Einkommen, Ertrag und Vermögen" bedarf der Aufschlüsselung in Steuern, die auf Vorjahre entfallen, und Körperschaft-, Gewerbe- und Vermögensteuerzahlungen im Geschäftsjahr.

Eine solche Publizität ermöglicht die Feststellung des steuerlichen Ergebnisses. Obwohl letzteres wegen der andersgelagerten Zielrichtung der Besteuerung betriebswirtschaftlichen Anforderungen nicht genügt, kommt es dem nach betriebswirtschaftlichen Gesichtspunkten zu ermittelnden Erfolg oft näher als die bisherigen Lösungen der Praxis.

Auf die Posten der freiwilligen Gewinnverwendung wird in der Regel im Lagebericht eingegangen[57]. Wenn dort nicht über Zuweisungen bzw. Entnahmen aus den Rücklagen sowie über den Ausschüttungsvorschlag berichtet wird, muß dies bei der Erläuterung der Rücklagenbewegungen geschehen.

Die statistischen Angaben sollten die Anzahl der Verträge der wesentlichen Versicherungszweige enthalten (für das direkte Geschäft). Sofern Schadenversicherung mit Summenangabe vorliegt, also in der industriellen, landwirtschaftlichen und sonstigen Feuerversicherung, in der Einbruchdiebstahl-, Sturm- und Leitungswasserversicherung wäre eine Auskunft über die (Gesamt-)Versicherungssumme wünschenswert. Gleiches gilt bei der Lebensversicherung für die Kapital- und die Renten-

---

[57] Vgl. S. 97.

versicherung, wobei ein Hinweis auf den Großlebensanteil interessant wäre.

Den allgemeinen Angaben zum Konzerngeschäftsbericht obliegt es, Auskunft zu geben über die betriebenen Versicherungszweige, die Zugehörigkeit zu Verbänden und marktregelnden Vereinigungen sowie über den Umfang des Geschäftsgebietes (Auslandsgeschäft).

H. Die Aussage des Konzernabschlusses

I. Die Ziele und Methoden der Analyse der Konzernpublizität

Die Analyse des Konzernabschlusses soll in drei Abschnitten vorgenommen werden.

Zunächst soll auf den inneren und äußeren Aufbau und die Organisation des Konzerns eingegangen werden (Aussage über die *Konzernstruktur*).

Der zweite und wesentlichste Teil bezieht sich auf die Analyse des *Konzernerfolges*, dessen absolute Höhe allein nicht allzuviel über die Leistung und Entwicklung des Konzerns aussagt.

Abgesehen davon, daß der Konzerngewinn durch unterschiedliche Ansätze der Vermögensgegenstände und technischen Passiva beeinflußt sein kann, die zu unterschiedlichen Abschreibungen bzw. Wertberichtigungen und Veränderungen der technischen Rückstellungen führen, wird durch die Nettoerfolgsrechnung der Einfluß der passiven (konzernexternen) Rückversicherung auf den Gewinn bzw. Verlust verdeckt.

Durch Integration der Informationen des Konzerngeschäftsberichtes muß daher ein breiteres Datenpotential geschaffen werden, mit dessen Hilfe durch Vergleiche und Kennziffernbildung die Höhe und die kausalen Wechselbeziehungen zwischen Aufwendungen und Erträgen systematisch untersucht werden, mit dem Ziel, alle Faktoren klarzulegen, welche den Konzernerfolg herbeiführen.

Der abschließende dritte Teil, die Analyse der *Konzernbilanz*, soll Aufschlüsse über den Aufbau und die Entwicklung des Konzernvermögens, insbesondere die Vermögensanlage, das konsolidierte Eigenkapital und die Konzernschulden, geben, wobei auch das Problem der stillen Reserven behandelt wird.

Die Abschlußanalyse kann dem Zeitvergleich oder dem zwischenbetrieblichen Vergleich dienen. Im ersten Fall spricht man von einem internen Vergleich, da ein Unternehmen bzw. Konzern zu verschiedenen Zeitpunkten mit sich selbst verglichen wird, im zweiten Fall von einem externen Vergleich, da mehrere Unternehmen bzw. Konzerne einander gegenübergestellt werden[1].

---

[1] Vgl. *Weigmann*, Walter: Grundlagen des Betriebsvergleichs, Stuttgart 1932, S. 21.

Der Wert des Zeitvergleiches wird nach Schmalenbach dadurch beeinträchtigt, daß eventuell „Schlendrian mit Schlendrian" verglichen wird[2].

Beim externen Vergleich erscheint es fraglich, ob wegen des unterschiedlichen Aufbaues sowie wegen verschiedener Organisations- und Bestandsstrukturen der Konzerne vergleichbare Größen gegeben sind. Sofern die Abweichung ein bedeutendes Maß erreicht, erscheint der zwischenbetriebliche Vergleich nicht mehr sinnvoll. Da zum Teil erhebliche Unterschiede zwischen Versicherungskonzernen bestehen, wird in praxi der Zeitvergleich dominieren.

Beim internen Vergleich müssen Einflüsse, welche die Vergleichbarkeit stören, soweit wie möglich eliminiert werden (z. B. Prämienerhöhung bei der Ermittlung des Betriebskostensatzes).

Die Grenzen der Analyse konsolidierter Jahresabschlüsse sind durch den Umfang der Angaben in Konzernbilanz-, -erfolgsrechnung und -geschäftsbericht determiniert (materielle Grenze).

Alle folgenden Ausführungen über die Aussagen der Konzernpublizität müssen unter dem Aspekt betrachtet werden, daß es ohne weiteres möglich wäre, bessere und tiefergehende Erkenntnisse zu gewinnen, wenn mehr Datenmaterial vorläge. In der Literatur über die Betriebsvergleiche auf Grund der Einzelabschlüsse werden entsprechende Möglichkeiten aufgezeigt[3].

Voraussetzung für Betriebsvergleiche ist ferner ein einheitliches Schema für die Konzernbilanz und -erfolgsrechnung sowie Gleichheit der Kontierung der einzelnen Posten (formelle Grenze). Außerdem dürfen keine buchtechnischen zeitlichen Verwerfungen[4] entstehen (zeitliche Grenze).

Zum Methodischen wäre zu sagen, daß die Analyse an Hand absoluter Zahlen oder mittels Verhältniszahlen durchgeführt werden kann.

Absolute Zahlen sind solche, die „einen Zustand oder eine Bewegung ausdrücken und die für sich allein ohne Rücksicht auf andere Zahlen betrachtet werden. Zu den Zahlen, die einen Zustand bezeichnen, gehören z. B. alle Bilanzziffern. Zahlen einer Bewegung sind: Umsatzziffern, Erfolgsziffern und dergleichen"[5].

---

[2] Vgl. *Schmalenbach*, Eugen: Selbstkostenrechnung und Preispolitik, 6. Aufl., Leipzig 1934, S. 263.

[3] Vgl. *Roos*, Heinz: Zur Neugestaltung des Rechnungswesens der Sachversicherungsbetriebe, Leipzig 1942, S. 132 ff.; *Braeß*, Paul und Dieter *Farny*: Methoden und Technik der externen Erfolgsanalyse (Lebensversicherung), S. V ff.; dieselben: Methoden und Technik der externen Erfolgsanalyse (Sach- und Rückversicherung), S. V ff.

[4] Vgl. S. 26.

[5] *Henzel*, Friedrich: Betriebsstatistik, Betriebsvergleich und Planung, in:

Die absoluten Zahlen können sowohl für sich als auch im Jahresvergleich betrachtet und ihre Veränderungen aufgezeigt werden.

Die Verhältniszahlen werden in Gliederungszahlen, Beziehungszahlen und Indexzahlen unterteilt.

Die Gliederungszahlen stellen das Verhältnis einer Teilmasse zu einer übergeordneten Gesamtmasse dar (z. B. Beiträge eines Zweiges: Gesamtprämieneinnahme).

Beziehungszahlen drücken das Verhältnis einer selbständigen Masse zu einer anderen selbständigen Masse aus (z. B. Erträge aus Grundvermögen: Wert des Grundvermögens). Sie und die Gliederungszahlen werden zumeist als Kennziffern in Prozent verwendet.

Indexzahlen sollen die Veränderungen einer Größe im Zeitablauf darstellen, in welchem der für einen bestimmten Zeitpunkt gefundene Wert gleich hundert gesetzt und die Werte für die anderen Zeitpunkte durch proportionale Meßziffern wiedergegeben werden[6] (z. B. Statistik der Prämieneinnahmen).

Die Methode der Gegenüberstellung absoluter Zahlen läßt sich für den internen Vergleich verwenden, sofern die Vergleichsgrundlage konstant bleibt. Auch für den zwischenbetrieblichen Vergleich sind absolute Zahlen brauchbar, soweit sie vergleichbar sind, was jedoch oft fraglich ist. Gleiches gilt für die absolute Veränderung.

Eine Verwendung von Verhältniszahlen zu analytischen Zwecken erscheint aus zweierlei Gründen vorteilhaft. Zum einen entfällt die Betrachtung vielstelliger Zahlen, wodurch die Analyse klarer und übersichtlicher wird. Zum anderen ist es möglich, Interdependenzen zwischen den einzelnen Größen aufzuzeigen, was sowohl für den internen, besonders aber für den externen Vergleich wichtig ist.

II. Die Aussage über die Konzernstruktur

Gemäß § 334 Abs. 1 AktG soll der Konzerngeschäftsbericht Angaben über Aufbau und Größe des Konzerns enthalten. Danach sind die zum Konzern gehörenden Unternehmen, gleich, ob sie in den konsolidierten Jahresabschluß einbezogen wurden oder nicht, einzeln aufzuführen. Die konsolidierten Gesellschaften müssen besonders bezeichnet werden[7]. Aus der Darstellung wird ersichtlich, welche Versicherungsunternehmen bzw. welche branchenfremden Unternehmen zum Konzern gehören und welche horizontalen bzw. vertikalen Verbindungen bestehen.

Die Handelshochschule, 2. völlig neubearbeitete Aufl., hrsg. von Fritz Schmidt, Bd. II, Teil 8, Berlin—Wien 1937, S. 12 f.

[6] Vgl. *Henzel,* Friedrich, a.a.O., S. 15.

[7] Vgl. S. 95.

Eine Angabe der Höhe des Beteiligungsprozentsatzes schreibt der Gesetzgeber nicht vor. Eine Auskunft darüber wäre aber wünschenswert, weil damit ein Anhaltspunkt für die Intensität der innerkonzernlichen Bindungen gegeben wäre. Ein Internum wird damit nicht preisgegeben, denn der Beteiligungsprozentsatz läßt sich ermitteln aus dem Nennwert der Beteiligung, welcher den Erläuterungen der Pos. „Beteiligungen" entnommen werden kann, und dem Grundkapital der jeweiligen Gesellschaft, das aus deren Bilanz ersichtlich ist. In einer Reihe von Konzernabschlüssen findet man Angaben über die Höhe der Beteiligung an den Konzernunternehmen[8].

Bestehen Personalunionen in Vorständen und Aufsichtsräten der Konzernglieder[9], so läßt dies auf eine straffe Konzernführung schließen. Damit geht häufig eine Zentralisation und Einschränkung der Willensbildung der Konzernunternehmen einher.

Außer auf personeller Ebene kann eine Verflechtung auf Grund organisatorischer Maßnahmen bestehen. Hinweise auf eine Zusammenarbeit im Innen- und/oder Außendienst enthält der Erläuterungsbericht[10]. Der Betrieb eines gemeinsamen Außendienstes zeigt, daß die beteiligten Konzernglieder die werblichen Vorteile der Sortimentsergänzung und der einheitlichen Namensbezeichnung (Markenbildung) zu nutzen wissen. Vor allem werden dadurch Doppelaufwendungen für die Einrichtung und Unterhaltung von Agenturen vermieden, was sich positiv auf den Gewinn auswirken kann. Den gleichen Effekt hat die Zusammenarbeit im Innendienst. Der Betriebskostensatz wird daher geringer als bei vergleichbaren, nicht konzerngebundenen Unternehmen ausfallen.

Die Anzahl der im Innen- und Außendienst beschäftigten Mitarbeiter *kann* kennzeichnend für die Größe des Konzerns sein. Das Verhältnis von Innendienst- zu Außendienstmitarbeitern *kann* die Werbeintensität des Konzerns ausdrücken. Das ist aber abhängig von der Organisation des Außendienstes (Geschäftsstellen oder selbständige Generalagenten).

Allgemein sollte man jedoch bei Vergleichen der Mitarbeiterzahlen bedenken, daß durch gute Organisation des Betriebsablaufes (Zentralisation, elektronische Datenverarbeitung) und des Außendienstes (Organisationsabkommen) Personal und damit Kosten eingespart werden können. Ein Konzernbetriebsvergleich kann hier an der unterschiedlichen Struktur der Innen- und Außendienstorganisation scheitern.

---

[8] Vgl. Allianz-Versicherungs-A.G., Konzernabschluß 1969, S. 45 f.; Magdeburger Feuerversicherungsgesellschaft, Konzernabschluß 1969, S. 10.

[9] Vgl. S. 110.

[10] Vgl. S. 111.

Außerdem hängt die Effizienz der Beschäftigten nicht unbedingt von deren Anzahl ab.

Die Struktur des Konzerns im Hinblick auf die betriebenen Zweige geht aus dem Geschäftsbericht hervor[11].

Für eine Analyse der Bestandstruktur ist es zunächst wichtig, den Anteil der einzelnen Versicherungszweige an den Gesamtbeiträgen festzustellen.

In den Erläuterungen zu den Prämieneinnahmen werden diese nach Versicherungszweigen getrennt aufgeführt[12]. Das Verhältnis der Gesamtsumme zum jeweiligen Teilbetrag ergibt den Anteil des Zweiges an den Gesamtbeiträgen. Der Zeitvergleich mit Vorjahreswerten ermöglicht es, Veränderungen in der Bestandszusammensetzung aufzuzeigen. Durch Einbeziehung der Beiträge aus der Lebensversicherung wird sich je nach deren Höhe ein für den Konzern spezifisches Bild des Bestandes und seiner Bewegungen ergeben.

Es wird ergänzt durch die statistischen Angaben im Erläuterungsbericht.

Für die selbstabgeschlossenen Versicherungen werden dort Informationen über die Anzahl der Versicherungsverträge und über die (Gesamt-)Versicherungssumme nach Zweigen gegeben[13].

Aus den genannten Angaben läßt sich die durchschnittliche Versicherungssumme pro Vertrag für das selbstabgeschlossene Geschäft ermitteln[14]. Multipliziert man diese mit der aus den Beitragseinnahmen ermittelten Selbstbehaltsquote, so erhält man die im Konzern verbleibende Versicherungssumme. Hohe Werte sind aber kein Zeichen für eine übermäßige Risikobelastung, da zum einen im Konzern eine Verteilung auf mehrere Unternehmen erfolgt. Zum anderen hängt die Risikobelastung von der Form der konzernexternen Rückversicherungsverträge ab (proportionale Rückversicherung oder Excedentenverträge).

Der Anteil des selbstabgeschlossenen Geschäftes an der Gesamtprämie wird gegenüber den Einzelabschlüssen steigen, wenn der Konzern nur Erstversicherer aufweist, sofern unter ihnen Rückversicherungsbeziehungen bestehen (Saldierung des konzerninternen, übernommenen Geschäfts). Dieser Effekt kann verstärkt werden, wenn ein konzerneigener Rückversicherer in die Konsolidierung einbezogen wird.

---

[11] Vgl. S. 96.

[12] Vgl. S. 106 f.

[13] Vgl. S. 116.

[14] Sie ergibt sich aus der Division der Versicherungssumme eines Zweiges durch die entsprechende Anzahl der Verträge.

Je mehr konzernexternes Geschäft der letztere aber an sich zieht, um so mehr wird der Effekt kompensiert.

Die Analyse des inneren und äußeren Aufbaues des Konzerns kann sowohl für den Zeitvergleich als auch für den zwischenbetrieblichen Vergleich ausgewertet werden. Für den letzteren ist sie deshalb von Bedeutung, weil hiermit festgestellt werden kann, ob und inwieweit ein externer Vergleich im Rahmen der Konzernbilanz- bzw. -erfolgsrechnungsanalyse überhaupt sinnvoll ist. Das ist dann der Fall, wenn eine gewisse Übereinstimmung der von den Konzernen betriebenen Versicherungszweige, der Bestandsstruktur und der inneren und äußeren Organisation vorliegt.

III. Die Aussage über den Konzernerfolg

Die Höhe des ausgewiesenen Konzernerfolges einer Rechnungsperiode kann nur als Teilaussage über die Leistung und Entwicklung des Konzerns angesehen werden, da der Konzerngewinn durch überhöhte Abschreibungen, Wertberichtigungen und versicherungstechnische Passiva beeinflußt werden kann.

Durch den Ausweis für eigene Rechnung in der Konzernerfolgsrechnung wird die Rolle der passiven, konzernexternen Rückversicherung nicht hinreichend geklärt. Ferner erfährt man aus der konsolidierten Erfolgsrechnung nichts über die Zusammensetzung des Bestandes nach direktem und konzernexternem indirektem Geschäft und dessen Beitrag zum Gesamterfolg. Darüber und über die Rolle der passiven Rückversicherung soll der Konzerngeschäftsbericht in den Erläuterungen zu den betreffenden Posten informieren.

Aufgabe der Analyse des Konzernerfolges ist daher die Integration der Nachweisungen des Konzerngeschäftsberichtes mit denjenigen der konsolidierten Erfolgsrechnung. Durch Vergleiche absoluter Zahlen und Verhältniszahlen (Kennziffern) sollen die Ursachen und Komponenten des Konzernerfolges aufgedeckt werden.

1. Prämieneinnahmen und Rückversicherungspolitik

Für die Analyse der allgemeinen Geschäftsentwicklung, der Bestandszusammensetzung[15] und der Rückversicherungspolitik bilden die Prämieneinnahmen einen geeigneten Ausgangspunkt.

Die konsolidierte Gesamtbeitragseinnahme erscheint als ein geeigneter Maßstab für die Größe und Bedeutung der Versicherungskonzerne. Ihre Zusammensetzung hinsichtlich der Bereiche Lebens-

---

[15] Vgl. S. 122 f.

und Sachversicherung hat unterschiedliches Gewicht für die Kosten-
und Ertragslage.

Mindestens ebenso wie die absolute Höhe der Konzernprämieneinnahme wird die Höhe des Neugeschäftes interessieren. Die Aus-
weitung des Geschäftsvolumens wird durch den prozentualen Zuwachs
der Brutto- und Nettoprämien aufgezeigt. Angaben über die entsprechenden Beitragseinnahmen des Vorjahres und des Geschäftsjahres
enthält der Erläuterungsbericht[16].

Höheren Aussagewert als die Kennziffer für die Gesamtrechnung
haben diejenigen für die einzelnen Zweige. Da eine Reihe von Sparten
(z. B. Lebens-, einfaches Feuer-, Unfallgeschäft) gewinnträchtiger ist
als andere (Industriefeuer-, Kraftfahrt-, Transportversicherung), interessieren deren unterschiedliche Zuwachsraten.

Der zwischenbetriebliche Vergleich der Zuwachsraten des Gesamt-
geschäftes und der Versicherungszweige zeigt, inwieweit es dem Konzern gelungen ist, mit der Marktentwicklung Schritt zu halten, d. h.
ob zusätzliche Marktanteile gewonnen oder verloren wurden.

Der Umfang des aktiven (konzernexternen) Rückversicherungsgeschäftes läßt sich durch Gegenüberstellung der Gesamtprämieneinnahme und der Beitragseinnahme aus den in Rückdeckung übernommenen Versicherungen sowohl für das Gesamtgeschäft als auch für die
einzelnen Zweige ermitteln.

Der Anteil des aktiven Rückversicherungsgeschäftes am Gesamtgeschäft geht in einem Konzernabschluß, der nur Erstversicherer um-
faßt, soweit neben Schaden- und Unfall- auch Lebensversicherer vertreten sind, bezogen auf den Wert der ersteren stark zurück, da das
indirekte Lebensgeschäft zumeist nur einen geringen Prozentsatz aus-
macht.

Tritt ein Rückversicherer hinzu, der im wesentlichen Konzerngeschäft
in Rückdeckung genommen hat, so wird seine Einbeziehung in den
konsolidierten Jahresabschluß den Anteil des übernommenen Geschäftes wegen der Saldierung der konzerninternen Werte senken. Je mehr
er aber konzernexternes Geschäft an sich zieht, desto mehr wird er zu
einer Steigerung des unter den Erstversicherern ermittelten Anteils
des übernommenen Geschäftes beitragen.

Die Gegenüberstellung der unterschiedlich hohen Anteile des aktiven Rückversicherungsgeschäftes verschiedener Konzerne gibt Aufschluß darüber, inwieweit die Konzernabschlüsse besonders hinsichtlich der Höhe der Versicherungsleistungen und Kosten vergleichbar
sind, weil das indirekte Geschäft im allgemeinen eine höhere Schaden-

---

16 Vgl. S. 107.

belastung und eine niedrigere Kostenquote aufweist als das einfache Geschäft. Das aktive Rückversicherungsgeschäft ist daher im allgemeinen nicht so ertragreich wie das direkte Geschäft.

Für das passive Rückversicherungsgeschäft gilt, daß in Konzernabschlüssen, welche sich nur auf Erstversicherer beziehen, der Prozentsatz des abgegebenen Geschäftes verglichen mit den Einzelabschlüssen sinkt, da sich zum einen der hohe Selbstbehalt der Lebensversicherer zum anderen die Eliminierung der konzerninternen, passiven Rückversicherung entsprechend auswirkt.

Die konsolidierte Selbstbehaltsquote der Erstversicherer wird erhöht, wenn ein Hausrückversicherer in den Konzernabschluß einbezogen wird. Mit steigendem Fremdgeschäft des Rückversicherers wird aber der Erhöhung der Selbstbehaltsquote des Konzerns entgegengewirkt.

Für eine Reihe analytischer Überlegungen ist es sinnvoller, an Stelle der Beitragseinnahmen die verdiente Prämie für eigene Rechnung zu verwenden.

Auf Grund der Abweichung des Versicherungsjahres vom Geschäftsjahr sind durch die Zahlung von Jahres-, Halbjahres- oder Vierteljahresbeiträgen am Ende der Rechnungsperiode Beitragsteile vereinnahmt worden, welche das folgende Geschäftsjahr betreffen.

Durch die Zugänge oder evtl. Abgänge bei den Veränderungen der Beitragsüberträge wird dieser Störfaktor beseitigt.

Nach Abzug der Rückversicherungsprämie von der Differenz der Beiträge und der Veränderung der Beitragsüberträge erhält man den periodifizierten Beitrag für eigene Rechnung, was im Staffelschema der Konzernerfolgsrechnung durch entsprechende Anordnung der Positionen dargestellt wird[17]. Dadurch bleibt dem Bilanzleser die eigene Errechnung der Kennzahl erspart.

Die vorstehende Ermittlung der verdienten Beiträge erscheint zunächst einwandfrei. Eine tiefergehende Untersuchung deckt jedoch zwei Ungenauigkeiten auf:

(1) In der Transportversicherung wird der Prämienübertrag teilweise nicht gesondert, sondern mit der Schadenrückstellung zusammen erfaßt[18]. Sein Fehlen verfälscht die verdiente Prämie um den entsprechenden Betrag.

(2) Die Schaden- und Unfallversicherer berechnen die Beitragsüberträge nach dem Bruchteilsverfahren (pro rata temporis) oder nach dem 1/12- oder 1/24-System[19] annähernd periodenecht.

---

17 Vgl. S. 70.
18 Vgl. S. 55.

In der Lebensversicherung werden die Beitragsüberträge und die Deckungsrückstellung „meist pauschal ermittelt, wobei unterstellt wird, daß alle Versicherungen in der Jahresmitte beginnen. Diese Annahme trifft nur selten zu (Dezemberabschlüsse!), so daß die Beitragsüberträge häufig zu niedrig, die Deckungsrückstellung zu hoch angesetzt wird. Würde man die Zunahme der Beitragsüberträge als Abzug bei den Beitragseinnahmen und den Zuwachs der Deckungsrückstellung getrennt davon unter den Zuführungen zu den technischen Rückstellungen berücksichtigen, so wären die beiden Beträge ungenau; faßt man dagegen beide Posten in derselben Aufwandsgruppe (Zuführungen zu den technischen Passiva) zusammen, so gleichen sich die Ungenauigkeiten aus"[20]. Es ist daher unvermeidbar, daß die verdienten Beiträge um die in der Lebensversicherung zu gering bemessenen Veränderungen der Beitragsüberträge und eventuell um die Veränderungen der Prämienüberträge in der Transportversicherung zu niedrig ausgewiesen werden.

Deswegen von einem Ausweis der verdienten Beiträge abzusehen, erscheint wenig sinnvoll, da das Fehlen der vorgenannten Werte keinen erheblichen Einfluß auf ihre Höhe hat.

2. Versicherungsleistungen

Die Analyse der Versicherungsleistungen erstreckt sich auf drei Kennziffern, nämlich die rechnungsmäßige Netto- und die rechnungsmäßige Bruttoschadenquote sowie den Abwicklungserfolg der Schadenrückstellung.

Die rechnungsmäßige *Nettoschadenquote* für die Zweige der Schaden- und Unfallversicherung wird auf folgende Weise erhalten:

Versicherungsleistungen für eigene Rechnung zu Lasten des Geschäftsjahres
(gezahlte Leistungen für Versicherungsfälle
± Veränderung der Schadenrückstellung
± Veränderung der Deckungsrückstellung;
sämtliche für eigene Rechnung)[21]
in Prozent der verdienten Beiträge für eigene Rechnung[22].

---

[19] Vgl. *Conrad*, J. und H. *Hieber*: Das Rechnungswesen im Versicherungsbetrieb, in: Die Versicherung, Buchausgabe des Versicherungswirtschaftlichen Studienwerkes, hrsg. v. W. Grosse, H. L. Müller-Lutz und R. Schmidt, Bd. II, Abschn. C VI, Wiesbaden 1962—64, S. 417 f.

[20] *Braeß*, Paul und Dieter *Farny*: Externe Erfolgsanalyse (Lebensversicherung), S. II.

[21] Die Ermittlung der Versicherungsleistungen zu Lasten des Geschäftsjahres kann verfeinert werden, indem man bei ihrer Berechnung auch noch den Gewinn bzw. Verlust aus der Abwicklung der Schadenrückstellung für Vorjahrsschäden (vgl. S. 128 f.) berücksichtigt.

[22] Vgl. *Braeß*, Paul und Dieter *Farny*: Externe Erfolgsanalyse (Schaden- und Unfall- und Rückversicherung), Nr. 21, S. IV.

Bei der Ermittlung der Schadenquote für die Lebensversicherung wird auf andere Größen eingegangen. Den obigen Versicherungsleistungen zu Lasten des Geschäftsjahres entsprechen die „Leistungen im engeren Sinne", nämlich:

gezahlte Leistungen für Versicherungsfälle und vorzeitig aufgelöste Versicherungsverträge

± Veränderung der Rückstellung für noch nicht abgewickelte Versicherungsfälle und Rückkäufe

+ Aufwendungen für Versicherungsfälle aus übernommenen Rückversicherungen[23]

./. Leistungen der Rückversicherer für Versicherungsfälle[23, 24].

Die vorstehende Summe wird in Prozent der verdienten Beiträge für eigene Rechnung ausgedrückt. Die Veränderung der Deckungsrückstellung geht nicht in die Versicherungsleistungen zu Lasten des Geschäftsjahres (wie in der Schaden- und Unfallversicherung) ein, da die in ihr enthaltenen Sparanteile nicht zu den Versicherungsleistungen des Geschäftsjahres gehören.

Die Nettoschadenquote für das Gesamtgeschäft und die einzelnen Versicherungszweige läßt sich bei der Realisation eines jeden der drei vorstehenden Vorschläge zur Gestaltung der Publizität über die Versicherungsleistungen[25] ermitteln. Die einzelnen Werte können aus der Konzernerfolgsrechnung bzw. dem Konzerngeschäftsbericht (für die Zweige) entnommen werden[26].

Entsprechend ergibt sich für die *Bruttoschadenquote* der Zweige der Schaden- und Unfallversicherung folgende Berechnungsweise:

Versicherungsleistungen zu Lasten des Geschäftsjahres, brutto

± Veränderung der Schadenrückstellung, brutto

± Veränderung der Deckungsrückstellung, brutto

in Prozent der verdienten Bruttobeiträge.

Letztere erhält man aus den Prämieneinnahmen für die Gesamtrechnung nach Abzug der Veränderung der Brutto-Beitragsüberträge.

Die Ermittlung der Bruttoschadenquote für die Lebensversicherung erfolgt analog der Nettoschadenquote, also ohne Abzug der Leistungen der Rückversicherer und ausgehend von den verdienten Bruttobeiträgen.

---

[23] Diese beiden Posten werden in der Konzernerfolgsrechnung mit den Brutto-Versicherungsleistungen für selbstabgeschlossene Versicherungen zu den Leistungen für Versicherungsfälle für eigene Rechnung zusammengefaßt.

[24] Vgl. *Braeß*, Paul und Dieter *Farny:* Externe Erfolgsanalyse (Lebensversicherung), S. II.

[25] Vgl. S. 108.

[26] Vgl. S. 70 bzw. S. 107 ff.

Die Werte für die Bildung der Bruttoschadenquoten kann man dem Erläuterungsbericht entnehmen[27]. Realisiert man den dort angegebenen Fall (1)[28], so kann nur die Bruttoschadenquote für das selbstabgeschlossene Geschäft ermittelt werden, bei den Lösungen (2) und (3) auch die für übernommene Versicherungen.

Die Netto- und die Bruttoschadenquote kann man sowohl für das Gesamtgeschäft als auch für die verschiedenen Zweige errechnen, da der Konzerngeschäftsbericht die Nachweise dafür enthält. Die Bruttoschadenquote gibt den allgemeinen Schadentrend für den Konzern wieder. Die Nettoschadenquote zeigt die Entwicklung unter Berücksichtigung der passiven Rückversicherung auf.

Wegen der Zusammenfassung heterogener Zweige (Schaden- und Unfall- und Lebenszweige) erscheint eine Errechnung und Interpretation der Schadenquoten der einzelnen Versicherungszweige aussagefähiger als der Wert für das Gesamtgeschäft. In bezug auf die Schadenquoten der einzelnen Sparten kann man sagen, daß die Sachzweige stärkere Schwankungen aufweisen als das Lebensgeschäft, obwohl auch hier Verschiebungen und Schwankungen vorkommen (Rückgang der allgemeinen Sterblichkeiten, Veränderungen der Summensterblichkeit, Auftreten zeitspezifischer Todesursachen).

Die Bruttoschadenquote der Versicherungszweige macht beim externen Konzernvergleich sichtbar, inwieweit die Schadenbelastung des direkten bzw. indirekten Geschäfts des Konzerns von der des Vergleichobjekts abweicht. Die Gegenüberstellung der Nettoschadenquoten zeigt, wie unterschiedlich es nach Absicherung des Bestandes durch passive Rückversicherung den Konzernen gelungen ist, die eigene Schadenlast zu verringern.

Der *Abwicklungserfolg aus der Schadenrückstellung für Vorjahresschäden* wird folgendermaßen errechnet:

Schadenrückstellung aus dem Vorjahr
./. daraus im Geschäftsjahr gezahlte Versicherungsleistungen
./. erneut für Vorjahresschäden zurückgestellte Beträge[29].

Der so ermittelte Abwicklungserfolg ist aber noch nicht endgültig, sondern stellt nur einen Näherungswert dar. Es trifft selten zu, daß die erneut reservierten Beträge in ihrer Höhe genau mit den für Vorjahre noch zu bezahlenden Schäden übereinstimmen. Der Abwicklungserfolg müßte daher noch um den Betrag korrigiert werden, um welchen die erneut zurückgestellten Versicherungsleistungen zu groß bzw. zu

---

[27] Vgl. S. 107 f.
[28] Vgl. S. 109.
[29] Vgl. *Braeß*, Paul und Dieter *Farny:* Externe Erfolgsanalyse (Schaden- und Unfall- und Rückversicherung), Nr. 25, S. VI.

klein sind. Dieser Wert ist jedoch aus dem Konzerngeschäftsbericht des Folgejahres nicht ersichtlich.

Die in der vorstehenden Formel erwähnten Größen enthält der Erläuterungsbericht[30]. Sofern die Lösungen (1) und (2) realisiert werden, kann der Abwicklungsgewinn nur für das selbstabgeschlossene Geschäft, bei Lösung (3) auch für das Gesamtgeschäft berechnet werden.

Die Abwicklungsgewinne in den Sachzweigen spielen eine bedeutendere Rolle als in der Lebensversicherung, da dort die Schadenrückstellung einen geringen Umfang aufweist, und zwar deshalb, weil es möglich ist, die im Geschäftsjahr entstandenen Schäden schneller abzuwickeln, als es in der Schaden- und Unfallversicherung möglich ist.

3. Betriebskosten

Durch die für die Konzernerfolgsrechnung vorgeschlagene Art der Gliederung der größeren Betriebskostenarten und ihre Zusammenfassung in einer Hauptposition (Pos. III)[31] bietet sich die Ermittlung eines sogenannten „technischen Betriebskostensatzes für eigene Rechnung" an.

Man erhält denselben, indem man die Summe der Posten 8—10 (Schadenbearbeitungskosten einschl. Veränderung der Rückstellung, Provisionen, Verwaltungskosten, soziale Aufwendungen, soweit nicht anderweitig verrechnet; sämtliche für den Eigenbehalt)[32] zu den Prämieneinnahmen für eigene Rechnung ins Verhältnis setzt[33].

Außer dem technischen Kostensatz wird im Schrifttum der Gesamtbetriebskostensatz angeführt[34], dessen Errechnung aber auf Schwierigkeiten stößt. Er kann für eigene und für die Gesamtrechnung aufbereitet werden.

Formelmäßig wird er — unter Berücksichtigung des Ausweises in der Konzernerfolgsrechnung — wie folgt dargestellt:

Schadenbearbeitungskosten einschl. Veränderung der Rückstellung für eigene Rechnung

+ Provisionen für eigene Rechnung

+ Verwaltungskosten für eigene Rechnung

+ Soziale Aufwendungen, soweit nicht in anderen Posten enthalten

---

[30] Vgl. S. 108.

[31] Vgl. S. 70 f.

[32] Vgl. S. 70.

[33] Vgl. auch *Braeß*, Paul und Dieter *Farny:* Externe Erfolgsanalyse (Schaden- und Unfall- und Rückversicherung), Nr. 31, S. VI.

[34] Vgl. ebenda, Nr. 32; dieselben: Externe Erfolgsanalyse (Lebensversicherung), Nr. 631, 632, S. V.

+ Abschreibungen und Wertberichtigungen, soweit Betriebskosten
+ Sonstige Aufwendungen, soweit Betriebskosten
+ Kosten der Vermögensverwaltung
+ Kostensteuern

   in Prozent der Prämieneinnahmen für eigene Rechnung.

Die vier ersten Werte und die Kosten der Vermögensverwaltung können der konsolidierten Erfolgsrechnung entnommen werden (Pos. 8—10, 17)[35].

Die Abschreibungen und Wertberichtigungen, soweit Betriebskosten, müssen die Wertminderungen für die Betriebsgebäude, Betriebseinrichtung und Forderungen an Vertreter und Versicherungsnehmer enthalten. Die Beträge für die beiden letzten können den Erläuterungen zur Pos. 21 der Konzernerfolgsrechnung (Abschreibungen und Wertberichtigungen, soweit sie nicht auf Vermögensanlagen entfallen) entnommen werden[36].

Die Wertminderungen der Betriebsgebäude sind in der Pos. 16 enthalten (Abschreibungen und Wertberichtigungen auf Vermögensanlagen). In den Erläuterungen zu diesem Posten ist im vorangegangenen bezüglich des Grundvermögens lediglich eine Angabe des Gesamtbetrages vorgesehen[37]. Der hier verfolgte Zweck verlangt nach einer gesonderten Aufführung der auf Betriebsgrundstücke entfallenden Werte.

Inwieweit die Praxis einem solchen Postulat Gehör schenkt, mag dahingestellt bleiben.

Zu den sonstigen Aufwendungen, die Betriebskostencharakter tragen, gehören die Zuführungen zu den sonstigen technischen Rückstellungen[38] und die Kosten der Versicherungsvermittlung. Da eventuell noch eine Anzahl kleinerer Beträge hinzutreten kann, wird der Gesamtumfang auch im Falle einer weitgehenden Konzernpublizität nie exakt bestimmt werden können.

Als letzten Summanden enthält die obige Aufstellung die Kostensteuern.

Bezüglich des Begriffsinhalts kann auf die oben bereits erwähnten drei Theorien hingewiesen werden[39]. Sieht man die gewinnunabhängigen als Kostensteuern an, so fallen darunter die Vermögen-, Gewerbekapital-, Lohnsummen-, Grunderwerb-, Gesellschaft- und ggfls. Um-

---

[35] Vgl. S. 70 f.
[36] Vgl. S. 115.
[37] Vgl. S. 111.
[38] Vgl. S. 70, Pos. 7.
[39] Vgl. S. 95 f.

satzsteuer. Ihre externe Ermittlung wird aber an der fehlenden Publizität scheitern.

Den Brutto-Gesamtkostensatz erhält man, indem man den Netto-Gesamtkosten die Kostenerstattungen der (konzernexternen) Rückversicherer[40] hinzufügt und die Summe zu den Brutto-Prämieneinnahmen ins Verhältnis setzt.

Damit sind aber noch nicht sämtliche Kosten erfaßt. Es verbleiben die Schadenermittlungskosten aus der Schaden- und Unfallversicherung. Ihr Gesamtbetrag wird als Schadenleistung aufgefaßt und geht in die Leistungen für Versicherungsfälle ein[41]. Damit entzieht er sich einer gesonderten Erfassung.

Eine vollständige Ermittlung der beiden Gesamtkostensätze auf Grund der veröffentlichten Druckberichte wird daran scheitern, daß, wie vorstehend erwähnt, einige Kosten nicht erfaßt werden können.

4. Ergebnis der Vermögensverwaltung

Die Analyse der Vermögenserträge stützt sich auf die Ermittlung und Interpretation von Prozentsätzen, welche aus Global- oder Einzelangaben der Vermögenserträge und der Posten der Vermögensanlage in der Bilanz gebildet werden.

Die nach den folgenden Ausführungen gebildeten Kennziffern haben, sofern bei den Bilanzposten Buchwerte zugrunde gelegt werden, oft nur eingeschränkte Aussagekraft. Da die Aktiva meist stille Reserven enthalten, werden die Vermögensgegenstände in der Rechnung mit einem zu geringen Wert berücksichtigt. Dadurch entsteht der Eindruck einer (zu) hohen Rentabilität. Der Effekt ließe sich vermeiden, wenn man den Zeitwert (Kurswert) der Aktivposten im Erläuterungsbericht angäbe und ihn als Bezugsgrundlage nähme.

Eine Bestimmung der durchschnittlichen Verzinsung der Kapitalanlagen ist durch die Hardy-Formel möglich. Diese lautet:

Durchschnittliche Verzinsung der Kapitalanlagen = (Vermögenserträge[42] ./. Kosten der Vermögensverwaltung[43]) in Prozent des (mittleren Bestandes an Kapitalanlagen[44] ./. halbe Vermögenserträge[45]).

---

[40] Vgl. S. 111.
[41] Vgl. REVSch Pos. B I, S. 17.
[42] Vgl. Pos. 12, S. 70.
[43] Vgl. Pos. 17, S. 71.
[44] Vgl. Pos. A II, S. 38.
[45] Vgl. *Braeß*, Paul und Dieter *Farny*: Externe Erfolgsanalyse (Lebensversicherung), Nr. 41, S. V; dieselben: Externe Erfolgsanalyse (Schaden- und Unfall- und Rückversicherung), Nr. 41, S. VI.

Durch Erweiterung der vorstehenden Formel um die Werte der Forderungen bzw. Verbindlichkeiten aus einbehaltenen Sicherheiten und um die Depotzinsen wird es möglich, die Beeinflussung der durchschnittlichen Verzinsung der Vermögensanlagen durch die Rückversicherung aufzuzeigen.

Die durchschnittliche Verzinsung der Vermögensgegenstände kann dann auf nachstehende Weise dargestellt werden:

(1) Verzinsung der selbstangelegten Vermögensgegenstände *ohne* Berücksichtigung der Einflüsse des Rückversicherungsgeschäftes.

(Vermögenserträge[46] ./. erhaltene Depotzinsen + gezahlte Depotzinsen[47] ./. Kosten der Vermögensverwaltung[48]) in Prozent des mittleren Bestandes an (Posten der Vermögensanlage[49] ./. Verbindlichkeiten aus einbehaltenen Sicherheiten[50]) ./. halbe vorstehende Vermögenserträge[51].

In der obigen Formel müssen die beiden Arten der Depotzinsen addiert bzw. subtrahiert werden, da die in der Konzernerfolgsrechnung ausgewiesenen Depotzinsen wie folgt berechnet werden:

eigene Vermögenserträge
+ erhaltene Depotzinsen (aus dem aktiven Rückversicherungsgeschäft)
./. gezahlte Depotzinsen (aus dem passiven Rückversicherungsgeschäft)[52].

(2) Verzinsung der Vermögensgegenstände unter Berücksichtigung des Einflusses des aktiven Rückversicherungsgeschäftes.

(Vermögenserträge + gezahlte Depotzinsen ./. Kosten der Vermögensverwaltung) in Prozent des mittleren Bestandes an (Posten der Vermögenslage + Forderungen aus einbehaltenen Sicherheiten[53] ./. Verbindlichkeiten aus einbehaltenen Sicherheiten) ./. halbe, vorstehende Vermögenserträge.

(3) Verzinsung der Vermögensgegenstände unter Berücksichtigung des Einflusses des gesamten Rückversicherungsgeschäftes.

(Vermögenserträge ./. Kosten der Vermögensverwaltung) in Prozent des mittleren Bestandes an (Posten der Vermögensanlage ./. Forderungen aus einbehaltenen Sicherheiten) ./. halbe vorstehende Vermögenserträge.

(4) Verzinsung der Vermögensgegenstände unter Berücksichtigung des gesamten Rückversicherungsgeschäftes und außerordentlicher Einflüsse.

---

[46] Vgl. Pos. 12, S. 70.

[47] Vgl. Erläuterungen zu den Posten der Vermögensverwaltung, S. 111.

[48] Vgl. Pos. 17, S. 71.

[49] Vgl. Pos. A II, S. 38.

[50] Vgl. Pos. B III, 3 a (1) und 3 b (1), S. 39.

[51] Gemeint ist der Wert, welcher sich nach Ausrechnung der in der vorstehenden Klammer enthaltenen Angaben ergibt.

[52] Vgl. S. 111.

[53] Vgl. Pos. A III, 1 a und 2 a, S. 39.

(Ergebnis der Vermögensverwaltung[54] + Zuschreibungen auf Vermögensanlagen[55]) in Prozent des mittleren Bestandes an (Posten der Vermögensanlage ./. Forderungen aus gestellten Sicherheiten) ./. halbes, vorstehendes Ergebnis der Vermögensverwaltung.

Auch die Formel (4) geht noch nicht auf sämtliche Einflußfaktoren ein.

Die negativen Wirkungen werden durch Abschreibungen und Wertberichtigungen berücksichtigt, soweit der Wert der Vermögensgegenstände unter die Anschaffungskosten sinkt. Steigt er jedoch, so können Zuschreibungen nur bis zu den Anschaffungskosten bzw. bis zu den um planmäßige Abschreibungen geminderten Anschaffungs- oder Herstellungskosten gemacht werden[56].

Selbst wenn man die Zuschreibungen und zum großen Teil auch die nicht realisierten Verluste (Niederstwertprinzip gemäß § 56 VAG bei den Wertpapieren) berücksichtigt, ist die Erfassung der nicht realisierten Gewinne in der Regel unmöglich[57]. Insofern gibt die Größe der Pos. IV (Ergebnis der Vermögensverwaltung) ein nur unvollständiges Bild. Eine umfassende Analyse müßte noch auf die in der Konzernerfolgsrechnung nicht ausgewiesenen, nicht realisierten Gewinne aus Vermögensanlagen eingehen. Diese können ermittelt werden, sofern zu den Posten der Vermögensanlage im Konzerngeschäftsbericht Kurswertangaben gemacht werden.

Nachdem im vorigen die Gesamtheit der Erträge betrachtet wurde, soll nun auf die Analyse der Verzinsung der einzelnen Vermögensposten eingegangen werden. Die Kosten der Vermögensverwaltung können dabei nicht berücksichtigt werden, da für ihre Umlegung auf die entsprechenden Erträge ein geeigneter Schlüssel fehlt.

Im einzelnen kann die Verzinsung bestimmt werden für:

(1) die Gesamtheit der Beteiligungen,

(2) jede Beteiligung des Konzerns an nicht konsolidierten, verbundenen Versicherungs- und sonstigen Unternehmen,

(3) die Beteiligungen an anderen inländischen Versicherungsunternehmen,

(4) die Beteiligungen an ausländischen Versicherungsunternehmen,

(5) die Beteiligungen an sonstigen Unternehmen,

(6) das Grundvermögen,

(7) die Aktien und andere Anteilspapiere,

(8) die Vermögensanlagen mit Nominalwertcharakter.

---

[54] Vgl. Pos. IV, S. 71.
[55] Vgl. Erläuterungen der Zuschreibungen, S. 114 f.
[56] Vgl. *Adler - Düring - Schmaltz*, a.a.O., § 149 Tz. 73, S. 47.
[57] Ausnahme: gesetzlich mögliche Zuschreibungen.

Für die vorstehenden Vermögensgegenstände enthält der Erläuterungsbericht Angaben über den Anfangs- und Endbestand im Geschäftsjahr, die Erträge, die Wertminderungen[58] sowie über die Gewinne und Verluste aus ihrem Abgang[59].

Im Konzerngeschäftsbericht ist eine gesonderte Aufführung der Abschreibungen auf das Grundvermögen vorgesehen[60], so daß eine Verzinsung sowohl vor als auch nach Abzug der Abschreibungen ermittelt werden kann.

5. Ergebnis des Rückversicherungsgeschäftes

Da der Konzerngewinn außer vom selbstbehaltenen Geschäft auch wesentlich vom Verlauf des aktiven und passiven Rückversicherungsgeschäftes abhängt, müssen im Rahmen der Analyse des Konzernerfolgs diese beiden Komponenten untersucht werden.

Rechentechnisch wird der Erfolg des *aktiven* Rückversicherungsgeschäftes folgendermaßen entwickelt:

Prämieneinnahmen für übernommene Versicherungen
+ Depotzinsen in Zusammenhang mit dem aktiven Rückversicherungsgeschäft
./. Retrozessionsprämien
./. Versicherungsleistungen für übernommene Versicherungen, netto
+/./. Veränderungen der technischen Passiva für übernommene Versicherungen, netto
./. Verwaltungskosten für übernommene Versicherungen, netto
./. Kostenerstattungen an Vorversicherer[61]
./. Schadenbearbeitungskosten für übernommene Versicherungen, netto
= Gewinn / Verlust des aktiven Rückversicherungsgeschäftes.

Die in diesem Schema aufgeführten Prämieneinnahmen[62], Rückversicherungsbeiträge[63], Leistungen für Versicherungsfälle und Verände-

---

[58] Zu (1) — (5), vgl. Erläuterungen zu den Beteiligungen, S. 100.
Zu (6), bezüglich des Bestandes vgl. Konzernbilanz Pos. A II 1 a (1), S. 38; bezüglich des Grundstücksertrages vgl. Erläuterungen zu den Vermögenserträgen, S. 111.
Zu (7), bezüglich des Bestandes vgl. Konzernbilanz Pos. A II 1 a (3), S. 38; bezüglich der Erträge vgl. Erläuterungen zu den Vermögenserträgen (sonstige Vermögenserträge), S. 111.
Zu (8), bezüglich des Bestandes vgl. Konzernbilanz Pos. A II 1 b (1) - (5), S. 38; bezüglich der Erträge vgl. Erläuterungen zu den Vermögenserträgen (Zinserträge), S. 111.
[59] Vgl. Erläuterungen zu den Gewinnen und Verlusten aus Vermögensanlagen, S. 111.
[60] Vgl. S. 111.
[61] Einschließlich der gewährten Gewinnanteile.
[62] Vgl. Erläuterungen zu den Prämieneinnahmen, S. 106 f.
[63] Vgl. Erläuterungen zu den Rückversicherungsbeiträgen, S. 107.

rungen der technischen Passiva[64] können dem Erläuterungsbericht entnommen werden. Bei den Versicherungsleistungen und den Veränderungen der technischen Passiva für übernommene Versicherungen bedarf es dazu der oben vorgeschlagenen, erweiterten Publizität (Lösung 2 und 3)[65].

Ob es über den Rahmen des Konzernabschlusses hinausgeht, die Vermögenserträge und Depotzinsen im Zusammenhang mit dem aktiven Rückversicherungsgeschäft zu publizieren, mag dahingestellt bleiben. Außerdem müßte im Erläuterungsbericht ein zusätzlicher Vermerk über die Höhe der beiden Betriebskostenarten und der Kostenerstattungen enthalten sein, damit das Ergebnis des aktiven Rückversicherungsgeschäftes festgestellt werden kann.

Der Erfolg des *passiven* Rückversicherungsgeschäftes läßt sich wie folgt bestimmen:

Leistungen der Rückversicherer, für Versicherungsfälle und Zuführungen zu den technischen Passiva[66].
+ Kostenerstattungen der Rückversicherer[67]
./. Rückversicherungsprämien
./. gezahlte Depotzinsen
= Gewinn / Verlust des passiven Rückversicherungsgeschäftes.

Die Werte der vorstehenden Posten können dem Erläuterungsbericht entnommen werden[68].

6. Versicherungstechnisches und Gesamtergebnis

Umfang und Aussage der Analyse des *versicherungstechnischen Konzernergebnisses* hängen ab von der Form seiner Darstellung im Erläuterungsbericht. Erscheint in der technischen Erfolgsrechnung der Gewinn bzw. Verlust des Versicherungszweiges lediglich als Saldo, so kann man nur eine technische Erfolgsquote für das gesamte Konzerngeschäft sowie nach Sparten ermitteln. Die technische Erfolgsquote wird folgendermaßen berechnet:

---

[64] Vgl. Erläuterungen zu den technischen Passiva, S. 104 f.
[65] Vgl. Erläuterungen zu den Leistungen für Versicherungsfälle, Lösung (2) und (3), S. 108.
[66] Evtl. auch Leistungen an Rückversicherer bei Abnahme der technischen Passiva.
[67] Einschließlich der vom Rückversicherer erhaltenen Gewinnanteile.
[68] Für die Leistungen der Rückversicherer für Versicherungsfälle vgl. Lösung (2) und (3), S. 108.
Für die Kostenerstattungen vgl. S. 111.
Für die Rückversicherungsprämien vgl. Pos. 3, S. 70.
Für die gezahlten Depotzinsen vgl. S. 111.

Gewinn/Verlust der technischen Rechnung in Prozent der verdienten Beiträge für eigene Rechnung oder der gebuchten Beitragseinnahmen für eigene Rechnung[69].

Führt man die Rechnung nach technischen Aufwendungen und Erträgen getrennt durch, wie oben vorgeschlagen[70], so wird der Erkenntniswert größer.

Während die Prämieneinnahmen für eigene Rechnung und die Leistungen für Versicherungsfälle einschließlich der Veränderungen der technischen Passiva (netto) für die Versicherungszweige durch die Angaben im Erläuterungsbericht bereits bekannt sind, werden nun noch die Betriebskosten für eigene Rechnung je Sparte sichtbar gemacht.

Dadurch wird es möglich, einen technischen Betriebskostensatz für jeden Zweig aufzustellen, was bisher nicht gelang, da nur eine Angabe der Betriebskosten für eigene Rechnung für das Gesamtgeschäft vorhanden war[71].

Dieser Betriebskostensatz weicht aber von dem aus den Größen der Konzernerfolgsrechnung ermittelten technischen Kostensatz bezüglich der Zweige der Schaden- und Unfallversicherung ab, da hier nur diejenigen Teile berücksichtigt werden, welche in die technische Gewinn- und Verlustrechnung eingehen. Er wird also niedriger ausfallen, und zwar um den Anteil, der in die nichttechnische Rechnung eingeht.

Der entscheidende Vorteil der erweiterten Publizität über das versicherungstechnische Ergebnis liegt aber darin, daß die Komponenten sichtbar gemacht werden, welche das Ergebnis jedes Versicherungszweiges beeinflussen (in der Hauptsache: Beiträge, Versicherungsleistungen, Kosten, Vermögenserträge). Dem externen Betrachter wird hiermit die unterschiedliche Kosten- und Ertragsstruktur der Zweige aufgezeigt, was besonders hinsichtlich der zwei großen Blöcke Lebens- und Schaden- und Unfallversicherung von Bedeutung ist.

Für eine analytische Betrachtung können zwei Wege gewählt werden[72].

Zunächst wäre es möglich, im Zeitvergleich die prozentualen Veränderungen der technischen Aufwendungen und Erträge der Vergrößerung bzw. Verringerung des Geschäftsvolumens gegenüberzustellen. Dabei kann sich ein proportionales, progressives oder degressives Verhalten der einzelnen Kostenarten herausstellen. Ferner können die

---

[69] Vgl. *Braeß*, Paul und Dieter *Farny*: Externe Erfolgsanalyse (Schaden- und Unfall- und Rückversicherung), Nr. 63, S. VI.

[70] Vgl. S. 113.

[71] Vgl. Erläuterungen zu den Betriebskosten, S. 110.

[72] Vgl. *Braeß*, Paul und Dieter *Farny*: Externe Erfolgsanalyse (Schaden- und Unfall- und Rückversicherung), S. V.

obigen Erfolgskomponenten in Prozent des technischen Gesamtertrags ausgedrückt werden. Bei dieser Art der Aufbereitung stellt sich heraus, aus welchen Quellen die technischen Erträge stammen, wofür sie verwendet werden und welcher Prozentsatz des technischen Gesamtertrags als technischer Gewinn dem Konzern verbleibt.

Das *Gesamtergebnis* des Konzerns kann sowohl vor als auch nach Berücksichtigung bestimmter Ertragsminderungen dargestellt werden.

Den Bruttoüberschuß vor Steuern definieren Braeß und Farny als Addition von:

Steuern vom Einkommen, Ertrag und Vermögen
+ Zuweisungen an Rücklagen
+ versteuerte Zuweisungen an Rückstellungen
+ Sonderabschreibungen
+ Zuweisungen an Rückstellung für Beitragsrückerstattung
+ Reingewinn des Geschäftsjahres[73].

Abgesehen von den Sonderabschreibungen bedarf es keiner Diskussion über den Gehalt der Größen.

Unter die Sonderabschreibungen ordnen Braeß und Farny alle außerordentlichen Abschreibungen ein, die ihre Begründung nicht in einer Wertminderung finden, sondern auf bilanzpolitischen Überlegungen beruhen. Die Sonderabschreibungen sind daher „keine Aufwendungen, sondern Gewinnverwendung in Form der Bildung stiller Rücklagen"[74]. Ihre Höhe war im Aktiengesetz von 1937 lediglich durch den Erinnerungswert der Gegenstände nach unten begrenzt.

Der zulässige Umfang der Abschreibungen wurde jedoch durch die Vorschriften des Aktiengesetzes von 1965 erheblich eingeschränkt.

§ 154 Abs. 1 AktG 1965 besagt, daß bei den *Gegenständen des Anlagevermögens*, deren Nutzung zeitlich begrenzt ist, die Anschaffungs- oder Herstellungskosten nur um die im Abschreibungsplan unter Berücksichtigung der voraussichtlichen Nutzungsdauer festgelegten Beträge vermindert werden dürfen. Auf Gegenstände, deren Gebrauch zeitlich unbegrenzt ist, dürfen normalerweise keine Abschreibungen vorgenommen werden.

Davon abweichend können nach § 154 Abs. 2 AktG für die beiden Arten der oben angeführten Gegenstände außerplanmäßige Abschreibungen (Sonderabschreibungen) oder Wertberichtigungen auf den Buchwert vorgenommen werden,

---

[73] Vgl. *Braeß*, Paul und Dieter *Farny:* Externe Erfolgsanalyse (Lebensversicherung), Nr. 811, S. VI.

[74] Dieselben: Externe Erfolgsanalyse (Schaden- und Unfall- und Rückversicherung), S. IV.

(1) wenn den Aktiva am Abschlußstichtag ein niedrigerer Wert beizulegen ist;

(2) wenn der niedrigere Wert für Zwecke der Steuern vom Einkommen und Ertrag für zulässig gehalten wird.

Die Sonderabschreibungen müssen vorgenommen werden, sofern eine voraussichtlich dauernde Wertminderung eingetreten ist[75].

Die *Gegenstände des Umlaufvermögens* und somit die Wertpapiere der Versicherungsunternehmen[76] müssen grundsätzlich zu Anschaffungs- oder Herstellungskosten bzw. zum niedrigeren Börsen- oder Marktpreis am Abschlußstichtag bewertet werden. Ein niedrigerer Wert darf gemäß § 155 Abs. 3 AktG angesetzt werden, soweit dieser

(1) „bei vernünftiger kaufmännischer Beurteilung notwendig ist, um zu verhindern, daß in der nächsten Zukunft der Wertansatz dieser Gegenstände auf Grund von Wertschwankungen geändert werden muß, oder

(2) für Zwecke der Steuern vom Einkommen und vom Ertrag für zulässig gehalten wird[77]."

Der Begriff und die Höhe der Sonderabschreibungen nach neuem Recht erfahren also eine erhebliche Einengung.

Die Werte der Posten des Bruttoüberschusses vor Steuern können bis auf die versteuerten Zuweisungen an Rückstellungen aus der konsolidierten Erfolgsrechnung bzw. dem Konzerngeschäftsbericht ersehen werden[78]. Die vollständige Ermittlung der Kennziffer wird daher nur Betriebsinternen möglich sein, da das Verlangen nach einer Angabe der versteuerten Rückstellungen das für den Konzernabschluß erfüllbare Maß überschreiten würde.

Eine besondere Rolle für die Beurteilung der Gewinnsituation spielt die Position „Steuern vom Einkommen, Ertrag und Vermögen".

---

[75] Vgl. § 154 Abs. 2 Satz 1, 2. Halbsatz AktG.

[76] Vgl. § 56 Abs. 1 VAG in Verbindung mit § 155 Abs. 1 und Abs. 2 AktG.

[77] § 155 Abs. 3 AktG.

[78] Steuern vom Einkommen, Ertrag und Vermögen, vgl. Pos. 25, S. 71.
Zuweisungen an Rücklagen, vgl. Pos. 28, S. 71.
Zuweisungen an Rückstellung für Beitragsrückstellung, vgl. Pos. 24, S. 71.
Reingewinn des Geschäftsjahres, vgl. Pos. VIII, S. 71.
Da auf die Posten der Vermögensanlage — mit Ausnahme der Grundstücke — nur Sonderabschreibungen vorgenommen werden können, sind diese gleich den im Erläuterungsbericht für die einzelnen Aktiva aufgeführten Abschreibungen; vgl. S. 111. Die Sonderabschreibungen auf Grundstücke und Betriebseinrichtungen sind nicht ersichtlich, sofern darüber nicht zusätzliche Angaben im Geschäftsbericht gemacht werden.

Ihre im vorigen vorgeschlagene Aufteilung[79] nach Beträgen für Körperschaft-, Gewerbe- und Vermögensteuer würde dazu beitragen, den steuerlichen Bilanzgewinn errechenbar werden zu lassen. Letzterer ist wegen evtl. im Geschäftsjahr gelegter stiller Reserven oft eine bessere Basis für die Beurteilung des Konzernergebnisses als der Konzerngewinn.

Der „Jahresüberschuß" der konsolidierten Erfolgsrechnung (Pos. VI) enthält das Konzernergebnis, in dem die (zwangsweise) Gewinnverwendung der Steuern und die Beitragsrückerstattung als Aufwendungen angesehen werden[80]. Als letzter Ergebnisposten verbleibt der Konzerngewinn bzw. -verlust (Pos. VII).

Zu den im vorigen diskutierten Posten können folgende Kennziffern gebildet werden:

(1) Bruttoüberschuß vor Steuern in Prozent der Gesamterträge,

(2) Bruttoüberschuß vor Steuern in Prozent der Nettoerträge,

(3) (Zuweisungen an Rücklagen und versteuerte Rückstellungen + Sonderabschreibungen + Änderung des Gewinnvortrages) in Prozent des Bruttoüberschusses vor Steuern,

(4) Steuern in Prozent des Bruttoüberschusses vor Steuern,

(5) Aufwendungen für Beitragsrückerstattung in Prozent des Bruttoüberschusses vor Steuern,

(6) Dividendenausschüttung in Prozent des Bruttoüberschusses vor Steuern[81].

Die vorstehenden Kennziffern können sowohl für den Zeitvergleich als auch für den Betriebsvergleich verwendet werden.

Die Kennziffer (3) gibt den im Konzern verbleibenden Anteil des Konzerngewinnes an; bei (4) wird der Anteil des Fiskus, bei (5) derjenige der Versicherungsnehmer und in (6) der Anteil der Aktionäre am Konzerngewinn ermittelt.

IV. Die Aussage über die Konzernaktiva und -passiva

1. Bewertungsproblem

Ziel der Bilanzanalyse ist es, die Positionen der Vermögensrechnung zum Tage der Aufstellung des Rechnungsabschlusses zu betrachten und zueinander in Beziehung zu setzen.

---

[79] Vgl. S. 116.
[80] Vgl. S. 71.

Von wesentlichem Einfluß auf den Erkenntniswert der bilanzanalytischen Betrachtungen ist die Lösung des Wertproblems im Jahresabschluß und damit im Konzernabschluß.

Das Aktiengesetz geht von unterschiedlichen Bewertungsmaßstäben aus. Im einzelnen gelten für die verschiedenen Posten folgende Ansätze:

(1) Anlagevermögen
    (a) nicht abnutzbares: Anschaffungs- oder Herstellungskosten
    (b) abnutzbares   Anschaffungs- oder Herstellungskosten vermindert um planmäßige Abschreibungen

(2) Umlaufvermögen (Wertpapiere der Versicherungsunternehmen):   Anschaffungs- oder Herstellungskosten bzw. niedrigerer Börsen- oder Marktpreis

(3) Forderungen: Nominalwert evtl. abzüglich Abschreibung

(4) Grundkapital: Nominalwert

(5) Verbindlichkeiten: Rückzahlungsbetrag

(6) Rentenverpflichtungen: Barwert

Zwei verschiedene Bewertungsprinzipien wurden also realisiert:

(1) das Anschaffungswertprinzip, z. T. modifiziert als Nominalwertprinzip,

(2) das Tageswertprinzip in seiner Ausprägung als Bewertung zum Rückzahlungsbetrag bzw. Barwert.

Da die Bilanzanalyse Aussagen über den Finanzstatus am Bilanzstichtag machen soll, also eine gegenwartsbezogene Betrachtung darstellt, wäre es adäquat, ihr Gegenwartswerte, d. h. Tageswerte zugrunde zu legen.

Ein tageswertorientierter Ansatz erfolgt bei den Aktiva nur im Rahmen des Niederstwertprinzips[82] sowie bei den Verbindlichkeiten und Rentenverpflichtungen[83] (Versicherungsunternehmen: technische Passiva).

Bei den Posten der Vermögensanlage wird unter Hinweis auf das Verbot des Ausweises unrealisierter Gewinne von den historischen Anschaffungskosten oder oft auch von niedrigeren Werten ausgegangen, welche zumeist erheblich unter den Tageswerten liegen. Damit soll verhindert werden, daß unsichere, da nicht realisierte Gewinne

---

[81] Vgl. *Braeß*, Paul und Dieter *Farny:* Externe Erfolgsanalyse (Lebensversicherung), Nr. 81 und 82, S. VI;
dieselben: Externe Erfolgsanalyse (Schaden- und Unfall- und Rückversicherung), Nr. 62—64, S. VI.
[82] Vgl. § 154 Abs. 2 AktG, § 155 Abs. 3 AktG.
[83] Vgl. § 156 Abs. 2 AktG.

an die Aktionäre ausgeschüttet werden und damit ein Substanzentzug erfolgt.

Um eine Auskehrung solcher Gewinne zu verhindern, ist jedoch nicht unbedingt eine Bilanzierung zu Anschaffungskosten erforderlich. Es würde eine Vorschrift genügen, nach welcher Werterhöhungen, welche aus einem über die Anschaffungskosten hinausgehenden Ansatz, „nicht ausgeschüttet werden dürfen, sondern — etwa ohne Berührung der Gewinn- und Verlustrechnung — unmittelbar den Rücklagekonten zuzuweisen sind"[84]. Damit würde die Vermögenslage der Unternehmen klarer dargestellt als durch das gegenwärtige Anschaffungswertprinzip.

Den Unterschiedbetrag zwischen dem Buchwert und dem Tageswert könnte man, wie in niederländischen Jahresabschlüssen üblich, in ein Bilanzkonto „Anlagereserven" eingehen lassen.

Geht man in der Bilanz nicht vom Tageswert aus, so wäre es wünschenswert, zumindest bezüglich der Vermögensanlagen darüber Auskunft im Konzerngeschäftsbericht zu geben.

2. Aktivposten

Von besonderer Bedeutung für die Analyse der Aktiva der Konzernbilanz ist der Inhalt der Position A II: *Posten der Vermögensanlage*. Seine Zusammensetzung wird in den entsprechenden Unterpositionen in der konsolidierten Bilanz aufgezeigt[85].

Braeß und Farny stellen für die Analyse der Struktur der Vermögensanlagen zwei Kennziffern heraus:

(1) Anteile der einzelnen Anlagearten (Grundstücke, Hypotheken, Schuldscheinforderungen und Darlehen, Ausgleichsforderungen, Policedarlehen, Beteiligungen, Wertpapiere) in Prozent der Gesamtanlagen.

(2) Anteil der Sachwerte (Grundstücke, Beteiligungen, Aktien) in Prozent der Gesamtanlagen[86].

Außer von der Wagnisbereitschaft der Konzernleitung hängen die Anteile der einzelnen Anlagearten in der konsolidierten Bilanz im wesentlichen von der Zusammensetzung des Konsolidierungskreises ab, da für die einzelnen Unternehmensarten (Lebens-, Schaden- und Unfall- und Rückversicherer) unterschiedliche Vermögensanlagevorschriften existieren.

---

[84] *Adler - Düring - Schmaltz*, a.a.O., S. 369.

[85] Vgl. S. 38.

[86] Vgl. *Braeß*, Paul und Dieter *Farny:* Externe Erfolgsanalyse (Lebensversicherung), Nr. 92 und 93, S. VI; dieselben: Externe Erfolgsanalyse (Schaden- und Unfall- und Rückversicherung), Nr. 72 und 73, S. VI.

Die Lebensversicherer legen ihr Vermögen im wesentlichen in Nominalwerten an. Je mehr Schaden- und Unfall- und Rückversicherer hinzutreten, um so mehr wird der Anteil der Sachwerte am Konzernvermögen steigen. Dabei hat sich in der Vergangenheit gezeigt, daß das in Sachwerten angelegte Kapital sehr zur Stärkung der Unternehmen beigetragen hat.

Werden den obigen Kennziffern[87] Tageswerte zugrunde gelegt, so würde eine optimale Aussagefähigkeit erreicht. Anderenfalls muß man versuchen, die in den Aktiva enthaltenen stillen Reserven durch Schätzungen oder Hilfsrechnungen zu ermitteln, auf die nachstehend eingegangen wird.

Bezüglich der *bebauten Grundstücke* kann man von den Buchwerten der bebauten und den Bruttomieteinnahmen der gesamten Grundstücke[88] ausgehen. Eine näherungsweise Ermittlung des Tageswertes der bebauten Grundstücke unter Zugrundelegung des Ertragswertes wird dadurch möglich, daß man die Bruttomieteinnahmen mit einem Vervielfältiger multipliziert (Kapitalisierung der Erträge), dessen Höhe von dem landesüblichen Zinsfuß abhängt und der z. Z. bei Geschäftsgebäuden ca. 11, bei Wohngebäuden ca. 11 bis 14 beträgt[89].

Unter Vernachlässigung der Erträge der unbebauten Grundstücke sind dann die Bruttomieteinnahmen nach dem Bilanzwert der Wohn- und Geschäftsgrundstücke[90] aufzuteilen und mit dem entsprechenden Vervielfältiger zu multiplizieren. Die Differenz zwischen dem Buchwert und dem so errechneten Tageswert entspricht der ungefähren Höhe der stillen Reserven.

Ein Teil der in der Position *Beteiligungen* enthaltenen stillen Reserven wird in der Konzernbilanz durch den Ausweis der Kapitalaufrechnungsdifferenz offengelegt. Das sind jedoch nur solche, die aus der Differenz zwischen dem Buchwert in der Bilanz der Obergesellschaft und dem bilanziellen Eigenkapital des Konzernunternehmens resultieren[91].

Soweit die Anteile der Tochtergesellschaften an der Börse notiert werden, können weitere stille Rücklagen aufgedeckt werden, und zwar dadurch, daß der Nennwert[92] mit dem Börsenkurs multipliziert wird und das Produkt mit dem Bilanzwert verglichen wird.

---

[87] Vgl. S. 141.

[88] Vgl. Erläuterungen zu den Vermögenserträgen, S. 111; Erläuterungen zu den Grundstücken, S. 99.

[89] Diese Sätze galten 1970 in der Praxis.

[90] Vgl. Erläuterungen zu den Grundstücken, S. 99.

[91] Vgl. S. 50 f.

[92] Vgl. Erläuterungen zu den Beteiligungen, S. 100.

Wenn im Erläuterungsbericht keine Tageswertangaben zu den *Aktien und anderen Anteilspapieren* enthalten sind, können dort vorliegende Unterbewertungen lediglich schätzweise ermittelt werden. Die in den Erläuterungen zu den Vermögenserträgen angegebenen „sonstigen Vermögenserträge"[93] dürften weitgehend auf die Aktien und andere Anteilspapiere entfallen. Geht man von der durchschnittlichen Aktienrendite aus und vergleicht sie mit derjenigen des zu beurteilenden Konzerns, so läßt die Differenz einen Schluß auf die ungefähre Höhe der stillen Reserven zu.

Ohne Tageswertangaben können Unterbewertungen in den festen *Anlagen mit Nominalwertcharakter* (Pos. A II 1 b) ebenfalls nur durch Hilfsrechnungen annähernd bestimmt werden.

Ausgangspunkt sind dabei die in den Erläuterungen zu den Erträgen aus Vermögensanlagen aufgeführten Zinseinnahmen[94]. Diese müssen um die in ihnen enthaltenen gezahlten bzw. erhaltenen Depotzinsen und um die erhaltenen Saldenzinsen bereinigt werden.

Von der verbleibenden Differenz sind die Zinsen abzuziehen, welche auf die (niedrig verzinslichen) Schuldscheinforderungen gegen den Bund und die Länder entfallen. Da ihr Nominalbetrag und Zinsfuß aus dem Konzerngeschäftsbericht ersichtlich ist[95], bereitet die Errechnung des Zinsbetrages keine Schwierigkeiten.

Ermittelt man aus dem Rest die Verzinsung der übrigen festen Vermögensanlagen mit Nominalwertcharakter und vergleicht diese mit dem landesüblichen Zinsfuß für langfristige Anlagen, so läßt eine positive Differenz einen Schluß auf hier vorhandene stille Rücklagen zu.

Während die Feststellung verschiedener *Liquiditätsgrade* bei der Analyse industrieller Konzernabschlüsse von Bedeutung ist, hat sie für die Versicherungswirtschaft kaum Gewicht. Da die Versicherungsnehmer zur Vorleistung verpflichtet sind, besteht ein echter Finanzierungsbedarf lediglich bei Neugründungen bzw. erheblichen Erweiterungen. Die Versicherungsleistungen werden in der Regel aus den laufend eingehenden Prämien beglichen. Ein echter Liquiditätsbedarf nennenswerten Umfangs besteht daher nicht.

3. Passivposten

Die Analyse der Passivposten bezieht sich im wesentlichen auf das Eigenkapital und die versicherungstechnischen Passiva.

---

[93] Vgl. Erläuterungen zu den Vermögenserträgen, S. 111.
[94] Vgl. S. 111.
[95] Vgl. S. 101.

Die Eigenkapitalanalyse kann in der Weise durchgeführt werden, daß den Eigenmitteln die Konzernprämieneinnahme, die versicherungstechnischen Passiva oder die Schäden gegenübergestellt werden.

Weder die Kenney-Regeln[96] noch die Cover-Methode[97] noch die von Gürtler aufgestellten Kennziffern[98], welche die Zusammenhänge zwischen Eigenkapital und Prämien bzw. technischen Passiva betrachten, führen zu brauchbaren Resultaten für die Bestimmung der Höhe des Eigenkapitals[99].

Geht man von der grundsätzlichen Erkenntnis aus, daß die Schadenbelastung eine geeignete Bezugsgröße für die Eigenmittel darstellt[100], so bedarf es einer Betrachtung der Zusammensetzung der Schäden nach solchen aus dem Lebens- und aus dem Sachbereich. Stammen sie aus ersterem, genügt wegen der großzügig bemessenen Prämie ein relativ kleines Eigenkapital. Je mehr sie aus dem letzteren resultieren, um so größer (wegen des größeren Risikos) müßten die Eigenmittel des Konzerns sein.

Auch diese differenzierende Betrachtung verhilft nicht zu einer befriedigenden Erkenntnisfindung, solange man als Konzerneigenmittel die aus der konsolidierten Bilanz ersichtlichen Größen ansieht.

Setzt man die Schadenbelastung zur Summe aus Grundkapital, offenen Rücklagen, Gewinnvortrag und evtl. Kapitalaufrechnungsdifferenz ins Verhältnis, so fällt die sich daraus ergebende Kennziffer — auch im Vergleich zu derjenigen für die Einzelbilanzen — sehr hoch aus.

Dadurch wird einerseits aufgezeigt, mit Hilfe welch geringer Eigenmittel das Konzerngeschäft letztlich gesichert wird. Andererseits werden bei einer solchen Betrachtung die erheblichen stillen Reserven, welche die ausgewiesenen Eigenmittel verstärken, außer acht gelassen. Würde man diese als „Anlagereserven" in der konsolidierten Bilanz ausweisen[101] oder Tageswertangaben in den Erläuterungsbericht eingehen lassen, so würde die vorstehende Relation bei Zugrundelegung der gesamten Eigenmittel aussagefähig.

Der Vollständigkeit halber soll noch angeführt werden, daß (für die Einzelbilanz) in der EWG-Richtlinie für die Bestimmung der Solva-

---

[96] Vgl. *Kenney*, A.: Fundamentals of Fire and Casualty Strength, 3. Aufl., Dedham Mass. 1957, S. 223 ff.

[97] Vgl. *Prölss, Erich:* Das Eigenkapital der Versicherungsunternehmen, in: Versicherungswirtschaftliches Archiv 1957, S. 402.

[98] Vgl. *Gürtler*, Max: Die Erfolgsrechnung der Versicherungsbetriebe, S. 359 ff.

[99] Vgl. *Braeß*, Paul: Die Bedeutung des Eigenkapitals, S. 15 f.

[100] Vgl. S. 44.

[101] Vgl. S. 141.

bilitätsspanne und des Mindestgarantiefonds die Relation von Grundkapital zu Prämieneinnahmen und diejenige von Grundkapital zur mittleren Schadenbelastung der letzten drei Jahre betrachtet wird[102].

Ebenso wie bei der Eigenkapitalanalyse spielt das Problem der stillen Reserven eine Rolle bei der Interpretation des Verhältnisses von festen Anlagen (Pos. A II 1) zur Summe der technischen Passiva. Hier liegt in der Regel eine Überdeckung zugunsten der Passiva vor, welche noch dadurch verstärkt wird, daß die Aktiva stille Reserven enthalten. Ferner werden die technischen Passiva vorsichtig, also eher zu hoch, bewertet.

An weiteren Kennziffern für die Beurteilung der technischen Passiva führen Braeß und Farny folgende an:

> Beitragsüberträge für eigene Rechnung in Prozent der Nettoprämien.
> (Schadenrückstellung für eigene Rechnung + Rückstellung für Schadenbearbeitungskosten für eigene Rechnung) in Prozent der Nettoprämien.
> Schwankungsrückstellung in Prozent der Nettoprämien.
> (Beitragsüberträge + Schadenrückstellung + Rückstellung für Schadenbearbeitungskosten + Schwankungsrückstellung) in Prozent der Prämieneinnahmen (sämtliche Werte für eigene Rechnung)[103].

Die Bedeutung der vorstehenden Relationen liegt vorwiegend auf dem Gebiet der Sachzweige.

Die analytische Betrachtung der Konzernpublizität hat ergeben, daß das Schwergewicht auf der Untersuchung der konsolidierten Erfolgsrechnung liegt. Diese Tatsache kann nicht allein auf das Primat der Erfolgsermittlung und die heute herrschende dynamische Bilanztheorie zurückgeführt werden, sondern ist auch wesentlich dadurch bedingt, daß durch Verwendung historischer Anschaffungswerte der Aussagewert der Bilanzanalyse gering bleibt.

---

[102] Vgl. Vorschlag für eine erste Richtlinie des Rates zur Koordinierung der die Aufnahme und Ausübung der Direktversicherung (außer Lebensversicherung) betreffenden Rechts- und Verwaltungsvorschriften (Artikel 57 Abs. 2 EWGV) Art. 16 Abs. 1 und 2, in: Bundestagsdrucksache V/805, Bundesratsdrucksache 293/66, Sitzungsdokumente des Europäischen Parlaments vom 22. 7. 1966 — Dokument 98.

[103] Vgl. *Braeß,* Paul und Dieter *Farny:* Externe Erfolgsanalyse (Schaden- und Unfall- und Rückversicherung), Nr. 81—84, S. VII.

Schlußbetrachtung

Angeregt durch die vom Gesamtverband der Versicherungswirtschaft erarbeiteten Vorschläge für die Gestaltung der Konzernrechnungslegung wurde in der vorliegenden Untersuchung die Frage der Gliederung der Konzernbilanz und -erfolgsrechnung erneut gestellt.

Die Argumente für und wider eine Einbeziehung der Lebensversicherer in einen konsolidierten Jahresabschluß zusammen mit Schaden- und Unfall- und Rückversicherern wurden kritisch beleuchtet. Die Betrachtung führte zu dem Ergebnis, daß grundsätzlich eine Aufnahme der Lebensversicherer nicht abgelehnt werden kann.

Für die Konzernbilanz und -erfolgsrechnung wurde unter Rückgriff auf die bisherigen Lösungen der Praxis und die in der Literatur unterbreiteten Vorschläge ein neues Gliederungsschema entwickelt.

Die Frage, ob und wo ein Ausweis der passiven Rückversicherung im konsolidierten Jahresabschluß angebracht ist, wurde dahingehend beantwortet, daß Konzernbilanz und -erfolgsrechnung nach dem Nettoprinzip aufzustellen sind, weil dadurch ein Ausweis zweifelhafter Aktiva vermieden wird. Durch Bruttoangaben der wesentlichen Positionen der Konzernbilanz und -erfolgsrechnung im Konzerngeschäftsbericht kann der Mangel an Aussagekraft, welcher durch den Ausweis für eigene Rechnung entsteht, behoben werden.

Die Analyse der für die Konzernpublizität vorgeschlagenen Lösungen zeigte, welche Erkenntnisse die Auswertung der dargestellten Möglichkeiten vermitteln kann.

Anhang

Anlage 1

Konzernbilanz
für die Übergangszeit
(unter Einbeziehung der Lebensversicherung)

A k t i v a

I. Ausstehende Einlagen
  1. bei der Obergesellschaft
  2. bei einbezogenen Unternehmen für Anteile im Fremdbesitz
II. Grundstücke
III. Hypotheken-, Grundschuld- und Rentenschuldforderungen
IV. Schuldscheinforderungen und Darlehen
V. Schuldbuchforderungen gegen den Bund und die Länder
VI. Darlehen und Vorauszahlungen auf Versicherungsscheine
VII. Beteiligungen und Wertpapiere
  1. Beteiligungen an nicht in den Konzernabschluß einbezogenen Unternehmen
  2. Wertpapiere einschl. Aktien
  3. eigene Aktien
VIII. Technisch gestundete Beiträge
IX. Forderungen
  1. an nicht in den Konzernabschluß einbezogene verbundene Unternehmen
    a) bei den Vorversicherern gestellte Sicherheiten
    b) sonstige Forderungen
  2. an Versicherungsunternehmen, die nicht verbundene Unternehmen sind
    a) bei den Vorversicherern gestellte Sicherheiten
    b) sonstige Forderungen

P a s s i v a

I. Grundkapital
II. Rücklagen
  1. gesetzliche Rücklage
  2. andere (freie) Rücklagen
III. Unterschiedsbetrag aus der Konsolidierung (§ 331 Abs. 1 Nr. 3 AktG 65)
IV. Ausgleichsposten für Anteile in Fremdbesitz (davon auf Gewinn entfallend DM   )
V. Wertberichtigungen
VI. Leckungsrückstellung
VII. Beitragsüberträge
VIII. Rückstellung für noch nicht abgewickelte Versicherungsfälle
IX. Rückstellung für Schadenbearbeitungskosten
X. Rückstellung für Beitragsrückerstattung
XI. Sonstige technische Rückstellungen
XII. Sonstige allgemeine Rückstellungen
XIII. Verbindlichkeiten
  1. gegenüber nicht in den Konzernabschluß einbezogenen verbundenen Unternehmen
    a) für einbehaltene Sicherheiten aus dem Rückversicherungsverkehr
    b) sonstige Verbindlichkeiten
  2. gegenüber Versicherungsunternehmen, die nicht verbundene Unternehmen sind
    a) für einbehaltene Sicherheiten aus dem Rückversicherungsverkehr
    b) sonstige Verbindlichkeiten

Passiva

XIV. Verbindlichkeiten gegenüber Vertretern und Versicherungsnehmern

XV. Sonstige Passiva

  1. Entschädigungsgutschriften gem. Altsparergesetz

  2. sonstige Verbindlichkeiten

XVI. Rechnungsabgrenzungsposten

XVII. Verbindlichkeiten aus Bürgschaften und Gewährleistungsverträgen* DM

XVIII. Konzerngewinn

Aktiva

X. Forderungen aus Krediten

  1. nach § 89 Abs. 1, 2 und 3 AktG 65

  2. nach § 115 Abs. 1 und 2 AktG 65

XI. Außenstände bei Vertretern und Versicherungsnehmern

XII. Kassenbestand, Guthaben bei der Deutschen Bundesbank und Postscheckguthaben

XIII. Guthaben bei Geld- und Kreditinstituten

XIV. Wechsel und Schecks

XV. Zins- und Mietforderungen

XVI. Betriebseinrichtung

XVII. Sonstige Aktiva

  1. Deckungsforderungen gegen den Lastenausgleichsfonds

  2. Sonstige

XVIII. Rechnungsabgrenzungsposten

XIX. Rückgriffsforderungen aus Bürgschaften und Gewährleistungsverträgen DM

XX. Unterschiedsbetrag aus der Konsolidierung (§ 331 Abs. 1 Nr. 3 AktG 65)

XXI. Konzernverlust

* Außerdem

1. Verbindlichkeiten aus der Begebung und Übertragung von Wechseln DM

2. Haftung aus der Bestellung von Sicherheiten für fremde Verbindlichkeiten DM

Anlage 2

Konzernbilanz
für die Übergangszeit
(unter Ausschluß der Lebensversicherung)

Aktiva

I. Ausstehende Einlagen
 1. bei der Obergesellschaft
 2. bei einbezogenen Unternehmen für Anteile im Fremdbesitz

II. Grundstücke

III. Hypotheken-, Grundschuld- und Rentenschuldforderungen

IV. Schuldscheinforderungen und Darlehen

V. Schuldbuchforderungen gegen den Bund und die Länder

VI. Darlehen und Vorauszahlungen auf Versicherungsscheine

VII. Beteiligungen und Wertpapiere
 1. Beteiligungen an nicht in den Konzernabschluß einbezogenen Unternehmen
 2. Wertpapiere einschl. Aktien
 3. eigene Aktien

VIII. Forderungen
 1. an nicht in den Konzernabschluß einbezogene verbundene Unternehmen
  a) bei den Vorversicherern gestellte Sicherheiten
  b) sonstige Forderungen
 2. an Versicherungsunternehmen, die nicht verbundene Unternehmen sind
  a) bei den Vorversicherern gestellte Sicherheiten
  b) sonstige Forderungen

Passiva

I. Grundkapital

II. Rücklagen
 1. gesetzliche Rücklage
 2. andere (freie) Rücklagen

III. Unterschiedsbetrag aus der Konsolidierung (§ 331 Abs. 1 Nr. 3 AktG 65)

IV. Ausgleichsposten für Anteile in Fremdbesitz (davon auf Gewinn entfallend DM   )

V. Wertberichtigungen

VI. Deckungsrückstellung

VII. Beitragsüberträge

VIII. Rückstellung für noch nicht abgewickelte Versicherungsfälle

IX. Rückstellung für Schadenbearbeitungskosten

X. Rückstellung für Beitragsrückerstattung

XI. Sonstige technische Rückstellungen

XII. Sonstige allgemeine Rückstellungen

XIII. Verbindlichkeiten
 1. gegenüber nicht in den Konzernabschluß einbezogenen verbundenen Unternehmen
  a) für einbehaltene Sicherheiten aus dem Rückversicherungsverkehr
  b) sonstige Verbindlichkeiten
 2. gegenüber Versicherungsunternehmen, die nicht verbundene Unternehmen sind
  a) für einbehaltene Sicherheiten aus dem Rückversicherungsverkehr
  b) sonstige Verbindlichkeiten

Passiva

XIV. Verbindlichkeiten gegenüber Vertretern und Versicherungsnehmern
XV. Sonstige Passiva
XVI. Rechnungsabgrenzungsposten
XVII. Verbindlichkeiten aus Bürgschaften und Gewährleistungsverträgen* DM
XVIII. Konzerngewinn

Aktiva

IX. Forderungen aus Krediten
1. nach § 89 Abs. 1, 2 und 3 AktG 65
2. nach § 115 Abs. 1 und 2 AktG 65
X. Außenstände bei Vertretern und Versicherungsnehmern
XI. Kassenbestand, Guthaben bei der Deutschen Bundesbank
XII. Guthaben bei Geld- und Kreditinstituten
XIII. Wechsel und Schecks
XIV. Zins- und Mietforderungen
XV. Betriebseinrichtung
XVI. Sonstige Aktiva
XVII. Rechnungsabgrenzungsposten
XVIII. Rückgriffsforderungen aus Bürgschaften und Gewährleistungsverträgen DM
XIX. Unterschiedsbetrag aus der Konsolidierung (§ 331 Abs. 1 Nr. 3 AktG 65)
XX. Konzernverlust

* Außerdem
1. Verbindlichkeiten aus der Begebung und Übertragung von Wechseln DM
2. Haftung aus der Bestellung von Sicherheiten für fremde Verbindlichkeiten DM

Anlage 3

**Konzernerfolgsrechnung
für die Übergangszeit
(unter Einbeziehung der Lebensversicherung)**

Erträge

I. Gewinnvortrag aus dem Vorjahr
II. Beitragseinnahmen einschl. Nebenleistungen (davon aus der Lebensversicherung DM   )
III. Vermögenserträge aus der Lebens- und Krankenversicherung sowie aus dem versicherungstechnischen Geschäft der Schaden- und Rückversicherer
IV. Übrige Vermögenserträge
V. Gewinne aus Vermögensanlagen
VI. Außerordentliche und sonstige Erträge
   1. Auflösung von Rücklagen
   2. andere außerordentliche Erträge
   3. sonstige Erträge
VII. Auf konzernfremde Gesellschafter entfallender Verlust
VIII. Konzernverlust

Aufwendungen

I. Verlustvortrag aus dem Vorjahr
II. Nicht gesondert auszuweisende Aufwendungen einschl. Veränderung der technischen Rückstellungen
III. Zinsaufwendungen
IV. Abschreibungen und Wertberichtigungen
V. Verluste aus Vermögensanlagen
VI. Steuern und öffentliche Abgaben
   1. vom Einkommen, Ertrag und Vermögen
   2. Sonstige
VII. Zuweisungen an Rücklagen
VIII. Konzernfremden Gesellschaftern zustehender Gewinn
IX. Konzerngewinn

Anlage 4

**Konzernerfolgsrechnung
für die Übergangszeit
(unter Ausschluß der Lebensversicherung)**

Erträge

I. Gewinnvortrag aus dem Vorjahr
II. Beitragseinnahmen einschl. Nebenleistungen
III. Vermögenserträge
IV. Gewinne aus Vermögensanlagen
V. Außerordentliche und sonstige Erträge
  1. Auflösung von Rücklagen
  2. andere außerordentliche Erträge
  3. sonstige Erträge
VI. Auf konzernfremde Gesellschafter entfallender Verlust
VII. Konzernverlust

Aufwendungen

I. Verlustvortrag aus dem Vorjahr
II. Nicht gesondert auszuweisende Aufwendungen einschl. Veränderung der technischen Rückstellungen
III. Zinsaufwendungen
IV. Abschreibungen und Wertberichtigungen
V. Verluste aus Vermögensanlagen
VI. Steuern und öffentliche Abgaben
  1. vom Einkommen, Ertrag und Vermögen
  2. Sonstige
VII. Zuweisungen an Rücklagen
VIII. Konzernfremden Gesellschaftern zustehender Gewinn
IX. Konzerngewinn

Literaturverzeichnis

I. Bücher, Sonderdrucke

Aufermann, Ewald: Grundzüge betriebswirtschaftlicher Steuerlehre, 3. Aufl., Wiesbaden 1959

Berchter, Käthe: Reform der Rechnungslegungsvorschriften für Versicherungsunternehmen, Diss. Köln 1948

Bericht über das Ergebnis einer Untersuchung der Konzentration in der Wirtschaft, Deutscher Bundestag, 4. Wahlperiode, Bundes-Drucksache IV/2320, Bonn 1964

Bores, Wilhelm: Konsolidierte Erfolgsbilanzen und andere Bilanzierungsmethoden für Konzerne und Kontrollgesellschaften, in: Veröffentlichungen der Schmalenbach-Gesellschaft, Bd. 4, Leipzig 1935

Braeß, Paul: Die Konzentration in der Versicherungswirtschaft, Sonderdruck aus: Die Konzentration in der Wirtschaft, hrsg. v. Helmut Arndt, Berlin 1960

— Die „Schwankungsrückstellung" in betriebswirtschaftlicher und steuerlicher Sicht, Sonderdruck 1/2, aus Z Vers Wiss 1967

Bundesjustizministerium: Referentenentwurf eines Aktiengesetzes, Köln 1958

— Entwurf eines Aktiengesetzes und eines Einführungsgesetzes zum Aktiengesetz nebst Begründung, Bonn 1960

Childs, William Herbert: Consolidated Financial Statements, Principles and Procedures, Ithaca New York 1949

Commerzbank AG: Wer gehört zu wem? Mutter- und Tochtergesellschaften von A—Z, 8. erweiterte Auflage, Hamburg 1969

Diehl, Walter: Die Rechnungslegung der privaten Versicherungs-Unternehmen unter besonderer Berücksichtigung der staatlichen Aufsicht, Diss. St. Gallen 1955

Dreger, Karl Martin: Der Konzernabschluß, Grundsätze ordnungsmäßiger Konsolidierung, Wiesbaden 1969

Edelkott, Dieter: Der Konzernabschluß in Deutschland, Eine Untersuchung über seine Aussagefähigkeit und seine zweckmäßige Gestaltung, in: Staatswissenschaftliche Studien, hrsg. v. Edgar Salin und Gottfried Bombach, N.F., Bd. 48, Zürich 1963

Farny, Dieter: Die Versicherungsmärkte, Eine Studie über die Versicherungsmarkttheorie, in: Schriftenreihe des Instituts für Versicherungswissenschaft an der Universität Köln, N.F., Heft 17, Berlin 1961

Fuchs, Hermann und Otto *Gerloff:* Die konsolidierte Bilanz, Köln 1954

Funk, Joachim: Konzernbilanzprobleme unter besonderer Berücksichtigung der zivil-rechtlichen, steuerrechtlichen und buchhalterischen Problematik, Diss. München 1959

Gürtler, Max: Die Prämienüberträge und Schadenreserven von Rückversicherungsgesellschaften, Sonderdruck aus: Assekuranz-Jahrbuch, Bd. 49, Wien 1930

— Die Erfolgsrechnung der Versicherungsbetriebe, Berlin 1931

Heinrichs, Helmut: Die Beitragsüberträge der größeren Schaden- und Unfallversicherungsunternehmen, in: Veröffentlichungen der Kölner Versicherungswissenschaftlichen Vereinigung e.V., Heft 4, Berlin 1961

Henzel, Friedrich: Betriebsstatistik, Betriebsvergleich und Planung, in: Die Handelshochschule, 2. völlig neubearbeitete Aufl., hrsg. von Fritz Schmidt, Bd. II, Teil 8, Berlin—Wien 1937

Herrmannsdorfer, Fritz: Versicherungsunternehmungen und Konzentration, Eine Studie über die Stellung der Versicherungsunternehmen im heutigen Wirtschaftsleben, in: Veröffentlichungen des Deutschen Vereins für Versicherungswissenschaft, Heft 37, Berlin 1926

Heun, Heinrich: Die Bilanzierung der Versicherungs-Aktiengesellschaft, Diss. Gießen 1936

Hoppenstedt & Co., Verlag: Versicherungs-Jahrbuch 1969, 11. Ausgabe, Darmstadt 1969

Jenson, Harry: Kommentar zu den Rechnungslegungsvorschriften der Versicherungsunternehmen für die Geschäftsjahre ab 1955, hrsg. von der Deutschen Gesellschaft für Versicherungsmathematik e.V., Berliner Gruppe, Berlin 1956

Kaiser, Franz: Die Grundlagen und der Erkenntniswert von konsolidierten Bilanzen, Diss. Köln 1964

Kenney, A.: Fundamentals of Fire and Casualty Strength, 3. Aufl., Dedham Mass., 1957.

Koberstein, Günther: Das Rechnungswesen des Konzerns, Freiburg 1949

Kuschel, Horst: Die Publizität der größeren Versicherungsunternehmen über das aktive und passive Rückversicherungsgeschäft, Diss. Mannheim 1963

Lehnich, Oswald: Die Wettbewerbsbeschränkung, Eine Grundlegung, Köln—Berlin 1956

Marchand, Jean P.: Konsolidierte Bilanz und Betriebsabrechnung der Holding, in: Unternehmung und Betrieb, Bd. 22, Zürich 1949

Mellerowicz, Konrad: Kosten und Kostenrechnung, Bd. I, 3. Aufl., Berlin 1957

Münstermann, Hans: Konsolidierte Bilanzen deutscher Konzerne, in: *Käfer*, Karl — *Münstermann*, Hans: Konzernbilanzen, Heft 107 der Mitteilungen aus dem Handelswissenschaftlichen Seminar der Universität Zürich, Zürich 1958

Passow, Richard: Betrieb, Unternehmung, Konzern, Jena 1925

Peloubet, Maurice E.: The Historical Background of Accounting, in: *Baker*, M.: Handbook of Modern Accounting Theory, New York 1955

v. Portatius, Hans-Georg: Die Jahresausweispolitik konzerngebundener Lebensversicherungs-Aktiengesellschaften, Darmstadt 1970

Rausche, E., M. *Bouclier* und H. *Jenson*: Kontenrahmen für Versicherungsunternehmen, Muster und Erläuterungen, Karlsruhe 1957.

Reichsgruppe Versicherungen: Kontenrahmen für Versicherungsunternehmungen, Berlin 1937

Roos, Heinz: Zur Neugestaltung des Rechnungswesens der Sachversicherungsbetriebe, Leipzig 1942

Schmalenbach, Eugen: Selbstkostenrechnung und Preispolitik, 6. Aufl., Leipzig 1934

Schönbucher, Sigmar: Die Rechnungslegung wechselseitig verflochtener Unternehmen durch die konsolidierte Bilanz, Diss. Köln 1966.

Schuhmann, Werner: Der Konzernabschluß, Die Bilanzpraxis deutscher Konzerne, Bd. 4 der Schriftenreihe „Betriebswirtschaftliche Beiträge", hrsg. v. Hans Münstermann, Wiesbaden 1962

Trumpler, Hans: Die Bilanz der Aktiengesellschaft nach deutschem Aktien- und Steuerrecht unter Hinweis auf das Recht der Vereingten Staaten, Englands und der Schweiz, Basel 1958

Weigmann, Walter: Grundlagen des Betriebsvergleichs, Stuttgart 1932

Wöhe, Günter: Betriebswirtschaftliche Steuerlehre, Berlin und Frankfurt 1965

II. Kommentare, Vorschriften, Verordnungen

Adler - Düring - Schmaltz: Rechnungslegung und Prüfung der Aktiengesellschaft, 4. Aufl., völlig neubearbeitet von *Schmaltz/Forster/Goerdeler/ Havermann*, Bd. I: Rechnungslegung, Stuttgart 1968

Anordnung über die Schwankungsrückstellung der Versicherungsunternehmen vom 21. Dezember 1965, in: VerBAV 1965, S. 254 ff.

Board of Trade: Companies Act, London 1948

Godin - Wilhelmi: Aktiengesetz vom 6. September 1965, Kommentar, 3. Aufl., bearbeitet von Hans *Wilhelmi* und Sylvester *Wilhelmi*, Berlin 1967

Kropff, Bruno: Aktiengesetz und Einführungsgesetz vom 6. 9. 1965 mit Begründung des Regierungsentwurfs, Bericht des Rechtsausschusses des Deutschen Bundestages, Verweisungen und Sachverzeichnis, Düsseldorf 1965

Prölss, Erich: Kommentar zum Versicherungsvertragsgesetz, 15. neu bearbeitete und erweiterte Aufl., München—Berlin 1965

— Kommentar zum Versicherungsaufsichtsgesetz, 5. Aufl., München—Berlin 1966

Verordnung über die Fristen für die Aufstellung des Rechnungsabschlusses und die Einberufung der Hauptversammlung oder obersten Vertretung bei Versicherungsunternehmen vom 5. Februar 1968, BGBl Teil I, Nr. 11, 1968

Vorschlag für eine erste Richtlinie des Rates zur Koordinierung der die Aufnahme und Ausübung der Direktversicherung (außer Lebensversicherung) betreffenden Rechts- und Verwaltungsvorschriften (Artikel 57 Abs. 2 EWGV) Art. 16 Abs. 1 und 2, in: Bundestagsdrucksache V/805, Bundesratsdrucksache 293/66, Sitzungsdokumente des Europäischen Parlaments vom 22. 7. 1966 — Dokument 98

Vorschriften für die Rechnungslegung der größeren Lebens-, Schaden- und Unfall- und Rückversicherungsunternehmen, in: VerBAV, Sonderhefte 1 I, 1 III und 4, Berlin 1954 (für Rückversicherungsunternehmen 1955)

III. Aufsätze

Bernhard, Alfred: Die Steuern im Rechnungswesen der Unternehmung, in: Die Unternehmung, 2. Jg., 1947, S. 33

Bilke, Günter und Erwin *Kirchner:* Die Spartenerfolgsrechnung der Schaden- und Unfallversicherungsunternehmen, in: Rechnungslegung und Prüfung der Versicherungsunternehmen, hrs. vom Institut der Wirtschaftsprüfer in Deutschland e.V., Düsseldorf 1959

Braeß, Paul und Dieter *Farny:* Methoden und Technik der externen Erfolgsanalyse in der Lebens- und Krankenversicherung, in: Versicherungswirtschaft, 18. Jg., 1963, Sonderbeilage zu Nr. 19, S. 1 ff.

— Methoden und Technik der externen Erfolgsanalyse in der Schaden- und Unfallversicherung sowie in der Rückversicherung, in: Versicherungswirtschaft, 18. Jg., 1963, Sonderbeilage zu Nr. 21, S. 1 ff.

Braeß, Paul und Walter *Karten:* Kapital- und Gewinnströme bei verflochtenen Kapitalgesellschaften, in: Z Vers Wiss 1967, Bd. 56, S. 262 ff.

Closterhalfen, Carl: Prüfung der technischen Posten und die Erfolgsanalyse, in: Der Wirtschaftstreuhänder, 8. Jg., 1939, S. 47 ff.

Conrad, J. und H. *Hieber:* Das Rechnungswesen im Versicherungsbetrieb, in: Die Versicherung, Buchausgabe des Versicherungswirtschaftlichen Studienwerkes, hrsg. v. Walter Grosse, Heinz Leo Müller-Lutz und Reimer Schmidt, Bd. II, Abschn. C VI, Wiesbaden 1962—64

Dinkelbach, H.: Das Wesen und der Aufbau der industriellen Konzernbilanz, in: ZfhF, 35. Jg., 1941, S. 56 f.

Drude, Günther: Bemerkungen zu den Rechnungslegungsvorschriften für Lebensversicherungsunternehmen in westeuropäischen Ländern, in: Blätter der Deutschen Gesellschaft für Versicherungsmathematik, Bd. VI, Heft 3, Würzburg 1963, S. 322

Farny, Dieter: Der „Preis" für Rückversicherung in Theorie und Praxis, in: Zeitschrift für Versicherungswesen, 1963, Bd. 52, S. 739

Gutenberg, Erich: Konzernbilanzen, in: Handwörterbuch der Sozialwissenschaften, Bd. 6, Stuttgart, Tübingen, Göttingen 1958, S. 180

Havermann, Hans: Die verbundenen Unternehmen und ihre Pflichten nach dem Aktiengesetz 1965, in: Wpg., 19. Jg., 1966, S. 70

Hax, Karl: Die Vorschriften über die Rechnungslegung der Versicherungsunternehmungen in der Sicht des Betriebswirtes, in: Versicherungswirtschaftliches Archiv, 1955, S. 151.

Heine, Karl Heinz: Vorbereitung und Aufstellung des Konzernabschlusses, in: Wpg., 20. Jg., 1967, S. 116 f.

Hintner, Otto: Konzern, in: Handwörterbuch der Betriebswirtschaft, 3. völlig neubearbeitete Aufl., Stuttgart 1958, Bd. II.

Jäger, Alfred und Hermann *Weihmüller:* Wesen und Prüfung der versicherungstechnischen Posten des Jahresabschlusses, in: Rechnungslegung und Prüfung der Versicherungsunternehmen, hrg. vom Institut der Wirtschaftsprüfer in Deutschland e.V., Düsseldorf 1959.

Käfer, Karl: Probleme der Konzernbilanz, in: ZfhF, N.F., 9. Jg., 1957, S. 346 ff.

Klinger, Karl: Die Kosten in der Betriebsabrechnung, in: Der Wirtschaftstreuhänder, 12. Jg., 1943, S. 25.

Kohlstruck, Joachim Friedrich: Zur Konsolidierung von Jahresabschlüssen bei Versicherungsunternehmen, in: Wpg, 16. Jg., 1963, S. 221 ff.

Kosiol, Erich: Grundfragen der Konzernbilanzierung, in: Die Betriebswirtschaft, 31. Jg., 1961, S. 157 f.

Krasensky, Hans: Buchhaltung und Bilanz nach ihrem Betriebsgegenstand, in: Reisch-Kreibig: Bilanz und Steuer, 5. vollst. neu bearbeitete Aufl., Wien 1955, Bd. II, S. 336.

Lauinger, Arthur: Versicherungsaufsicht und Publizität, in: 50 Jahre materielle Versicherungsaufsicht nach dem Gesetz vom 12. Mai 1901, hrsg. v. Walter Rohrbeck, Berlin 1952, Bd. I, S. 248 f.

Lücke, Wolfgang: Zum Thema: Sind Körperschaftssteuern Kostensteuern?, in: Wpg 1955, 9. Jg., S. 157.

Prölss, Erich: Das Eigenkapital der Versicherungsunternehmen, in: Versicherungswirtschaftliches Archiv, 1957, S. 402.

Rätsch, Herbert: Grundfragen zur Konsolidierung von handelsrechtlichen Jahresabschlüssen, in: Wpg, 14. Jg., 1960, S. 630 f.

Rose, Werner: Die Einbeziehung ausländischer Konzernunternehmen in den Konzernabschluß inländischer Konzerne, in: Wpg, 16. Jg., 1962, S. 555 ff.

Schmitz, Horst: Konzernbilanzen in der Versicherungswirtschaft, in: Der Betrieb, 1968, Bd. 1, S. 628 ff.

Warneke, Heinz: Grundsatzfragen zur Konzern-Rechnungslegung, in: Wpg, 15. Jg., 1961, S. 118 f.

Weihmüller, Hermann: Der Konzernabschluß in der Versicherungswirtschaft nach neuem Aktienrecht, in: Wpg, 20. Jg., 1967, S. 30 ff.

Welzel, Hans-Joachim: Umsatz- oder Erfolgsprinzip? Zur Neugestaltung der Erfolgsrechnung für Versicherungsunternehmen, in: Versicherungswirtschaft, 23. Jg., 1968, Sonderbeilage zu Heft 15, S. 943 ff.

IV. Jahresabschlüsse und sonstige Veröffentlichungen

AEG-Telefunken, Konzernabschluß 1966, Frankfurt 1967

Allianz-Versicherungs-AG.: Konzernabschluß 1969, München 1970

Magdeburger Feuerversicherungs-Gesellschaft: Konzernabschluß 1969, Hannover 1970

Victoria Lebens-Versicherungs-A.G.: Konzernabschluß 1969, Berlin 1970

Gesamtverband der Versicherungswirtschaft e.V.: 19. Geschäftsbericht 1966/67, Köln 1967

Gesamtverband der Versicherungswirtschaft e.V.: Rundschreiben Tgb. Nr. 136/68 und 180/68 nebst Anlagen, Köln 1968

MIX
Papier aus verantwortungsvollen Quellen
Paper from responsible sources
FSC® C105338

Printed by Libri Plureos GmbH
in Hamburg, Germany